「叱らない」しつけ

子どもがグングン成長する親になる本

Chikara Oyano 親野智可等
小学校教師23年●超人気メルマガ発行人

PHP研究所

まえがき

子どもをどうしつけたらいいか分からない……

いくら叱っても、子どもが言うことを聞いてくれない……

言いたくないのに、いつもいつも子どもに小言を言ってしまう……

子どもと楽しく過ごしたいのに、気がつくと子どもを叱っている……


このような方はいらっしゃいませんか？

今この文をお読みのあなたはいかがですか？

私は、二十三年間の教師生活の中で、このような親たちの相談を何回も受けてきました。

実に多くの親たちがこのような悩みを抱えながら、毎日を手探り状態で生活しています。

でも、このような悩みを持っているのは親たちばかりではありません。
これらは、教師である私自身の悩みでもありました。
私も教師になったときから、ずっと同じようなことで悩み苦しんできたのです。
叱りすぎて、子どもの心が離れていってしまったこともありました。
毎日子どもと顔を合わせるのが、嫌で嫌でたまらなかったこともありました。

そのような悩みと苦しみの中で、だんだん分かってきたことがありました。

どうしたら、子どもと楽しく過ごすことができるのか……
どうしたら、子どもに信頼してもらえるのか……
どうしたら、子どもが言うことを聞いてくれるようになるのか……
どうしたら、叱らないでしつけることができるのか……

このようなことが分かってくるようになってからは、毎日の子どもとの生活が楽しくなってきました。

そして、子どもたちもグングン伸びていくようになりました。


以前に比べて、それほど多くの努力をしているというわけではないのです。

ただ、以前は知らなかったほんの少しの子育てやしつけのポイントが分かるようになっただけです。

ほんの少し発想が変わっただけです。


私は、この「発想を変える」ということがとても大切だと思います。

発想を変えるということは、進む方向を変えるということです。

発想を変えて、初めの一歩を正しい方向に向けることがとても大切なのです。

方向さえ正しければ、なにごとも楽々とうまくいくようになるのです。

なにごとも、方向を変えたその瞬間から、いい方に進み始めるのです。

この本で、あなたの発想を変え、進む方向を変えてみてください。
読んだ瞬間に、あなたの子育てとしつけは変わります。
読む前のあなたと、読んだ後のあなたは、もう二度と再び同じではありえません。

親野智可等

「叱らない」しつけ◉目次

まえがき

第一章 「叱る親」をやめよう

第二章　しつけで大事な五つのこと

第三章　いい話が、子どもの心を成長させる

二　生活習慣についての話

三　その他のいろいろな話

装丁：神長文夫＋坂入由美子
装画：コージー・トマト

第一章

「叱る親」をやめよう

第一章では、子育てとしつけで絶対に必要なことについて考えてみたいと思います。
それも、根本から考えてみたいと思います。

というのも、初めの一歩を正しい方向に向けることがとても大切だからです。
初めの一歩の方向が間違っていたら、その後いくらがんばってもうまくいくはずがないからです。

初めの一歩の方向が正しければ、その後ずっと正しい方向に進んでいくことができます。
少しくらい歩みがゆっくりでも、方向さえ正しければあなたの子育ては大丈夫です。

ここを読むだけでも、あなたの子育ては大きく変わるはずです。

しつけより愛情

しつけより愛情です。

しつけは愛情の後に来るものです。


まず、子どもの心を親の愛情でいっぱいに満たしてやることが一番大切です。

自分が愛されているということを実感させてやってください。

自分が大切にされているということを実感させてやってください。


子どもが親の愛情を実感し、心が満たされているとき、初めて、しつけも可能になるのです。

それがないところでは、いくらしつけをしようとしても、何一つ身に付きません。

私はそういった例をたくさん見てきました。

しつけに厳しすぎるとどうなるか

例えば、私が知っているA君の場合はこうでした。

A君のお父さんは、しつけにとても厳しい人でした。

食事中は姿勢をよくして座り、行儀よく食べなければなりません。

茶碗や皿をお箸で近くに寄せるようなことをすると、すぐに叱られます。


食事だけでなく、何事もきちんとしていなければ、叱られます。

靴もきちんと揃《そろ》えて、脱いだ服もきちんとたたんで、何から何まできちんとしていなければなりません。

そうしないと、必ず叱られたり怒られたりします。

ときには、叩かれることすらあります。

お母さんは、お父さんが怖いので止めることもできません。


ところで、家でそういう生活をしているA君は、学校ではどうだったでしょうか？

学校には怖いお父さんがいないので、楽しく過ごせていたでしょうか？

それが、そうではないのです。

心が愛情で満たされていないので、自分も友達にやさしくすることができません。

被害妄想的になっているので、些細《ささい》なことで切れて、友達とけんかになります。

それに、学校には怖いお父さんがいないので、生活態度はひどいものです。

仕事も勉強も、全てにおいて「やる気」が出ません。

このお父さんはA君をきちんとしつけているつもりで、実は正反対の結果になっていたのです。

親子の触れ合いが、子どもを落ち着かせる

また、こういう例もあります。

B君のお父さんは、会社の都合で一カ月ごとに仕事の現場が変わるという生活でした。

つまり、一カ月間は自宅の近くの仕事場で働くので、自宅からのんびり出勤します。

次の一カ月間は、別の県の仕事場で働くので、単身赴任をします。

お父さんがいない間は、Ｂ君はお母さんと二人だけの生活です。

お母さんも働いているので、Ｂ君は一人で過ごす時間が多くなります。

お父さんに会えない一カ月間、Ｂ君は、学校で先生から注意されることが多くなります。

友達とけんかして注意され、授業中に出歩いて注意されます。

掃除中に遊んで注意され、係の仕事をしないで注意されます。


お父さんが自宅から出勤している一カ月間は、お父さんはけっこう時間の余裕があります。

それで、Ｂ君はお父さんにたくさん甘えられます。

毎日お父さんと遊んだりおしゃべりしたりできます。

お父さんと一緒にお風呂に入り、肩もみをしてやるのが楽しみでした。

お父さんがいない一カ月間は、親や担任がいくら言ってもＢ君の生活態度はよくなりません。

お父さんが自宅から出勤している一カ月間、B君は、学校でまるで別人のようになります。

とても落ち着いた生活態度になるのです。

友達とけんかもしませんし、授業中も集中して勉強します。

掃除も係の仕事もしっかりやります。

先生から注意されることなど、ほとんどありません。

お父さんと過ごす一カ月間は、親や担任が何も言わなくても、B君の生活態度は立派です。

朝のちょっとした触れ合いだけで、こんなに違ってくる

ある女の子Cさんは、三つ編みの髪の毛で学校に来る日と、ぼさぼさ頭のままで来る日がありました。

朝、お母さんに余裕のある日は、髪の毛をきちんと三つ編みにしてもらえます。

そのとき、いろいろなお話をしたり、頭を撫《な》でてもらったりすることもできます。

反対に、お母さんに余裕のない日は、ぼさぼさ頭のまま早々に家を出されます。


三つ編みの日、Cさんは、とても穏やかな気持ちで生活できます。

友達とも仲良く生活し、いろいろなことにがんばれます。

そうでない日は、気持ちがとても不安定でした。

友達とのもめ事が多くなり、いろいろな点で集中力が続きません。

赤ちゃんが生まれて、急に変わった子

すごくしっかりした生活態度の子、Dさんという子がいました。

自分のことはいつもきちんとしていて、友達にもやさしく親切でした。

ところが、その子の家に赤ちゃんが生まれてから、その子は変わりました。

自分のことがきちんとできなくなり、友達ともめるようになりました。

学校でも家でも、大声で泣くことが多くなりました。

理由は明らかだったので、お父さんとお母さんはDさんとそれまで以上の触れ合いを持つ

ように心がけました。

そうしたら、だんだん元に戻りましたが、一時期は大変でした。

愛情は三度三度の食事と同じ

学校現場では、このような例はいくらでも見ることができます。

幼稚園や保育園でも同じだと思います。

このようなことをたくさん経験するうちに、私にはだんだん分かってきたことがあります。

子どもにとって、愛情は三度三度の食事と同じようなものなのです。

子どもにとって、愛情は植物に与える水のようなものなのです。

愛情がないところに、しつけなど不可能です。

愛情があって、初めて、しつけが可能になるのです。

子どもが愛情を実感できることが必要

でも、ここで一つ素朴な疑問が生じるかも知れません。

先程のA君のお父さんは、A君に愛情を持っていなかったのでしょうか？

そんなことはないはずです。


A君のお父さんは、自分なりにA君に愛情を持っていたと思います。

厳しいしつけをしようとしたのは、その表われではないでしょうか。

B君のお父さんは、当然ながら出張中にもB君に愛情を持っているに決まっています。

Cさんのお母さんは、三つ編みをしない日でもCさんに愛情を持っているに決まっています。

Dさんのお母さんは、赤ちゃんができてもDさんに愛情を持っているに決まっています。


いずれの親たちも、みなそれぞれに愛情を持っているのです。

でも、どうしてそれが子どもには伝わらないのでしょう？

それは、子どもがその愛情を実感として感じることができていないからです。

この「実感として愛情を感じる」ということが、実は、子どもにとってとても大切なことなのです。


B君も、お父さんは自分のために働いているのだと頭では分かっているかもしれません。

Dさんも、今は赤ちゃんに手がかかるから仕方がないんだと頭では分かっているかも知れません。


でも、頭で分かっていても子どもは満たされないのです。

実際にコミュニケーションやスキンシップなどの触れ合いを通して、心と体で愛情を実感することができないと満たされないのです。

自分が本当に親から愛されているのだということを、子どもはいつもいつも実感していたいのです。


それは、一度にまとめて受け取り、蓄えておけるようなものではないのです。

昨日の朝に笑顔で家を送り出したから今日はやらなくてもいい、というようなものではないのです。

昨日三つ編みにしたから今日はやらなくてもいい、というようなものではないのです。

このように、子どもが実感として親の愛情を感じられるようにしてやることが何よりも大切です。

自分は親に愛されていると日々実感している子は、心が満たされます。

心が満たされている子は、素直になれます。

ですから、親の言うことをしっかり受け入れることができるのです。

生活上のしつけや決まりも、素直に受け入れることができるのです。

叱ることで失われるもの

今、私は、コミュニケーションやスキンシップなどの触れ合いの大切さについて書きました。

ところが、親がそれを心がけているにも関わらず、親の愛情を実感できないでいるという

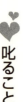

場合もあるのです。

それは、どういう場合だと思いますか？

それは、親が叱りすぎている場合です。

朝起きるのが遅いと言って叱られ、ご飯の食べ方で叱られ、食器の片付け方で叱られ、歯を磨かないと言って叱られ、着替えのことで叱られ……というように、朝から叱られっぱなしで学校に来る子もいます。

多くの親は、叱ることでしつけをしているつもりになっています。

でも、子どもはその度に嫌な気持ちになっているのです。

そして、その度に少しずつ自信を失っていくのです。

そして、その度に少しずつ親の愛情への疑いが、育っていくのです。

これは、ボクシングのジャブのようにだんだん効いてくるのです。

子どもは、親が叱るのは自分のことを思っているからだと、頭では考えます。

でも、心の奥深いところでは、親の愛情への疑いが本人も気が付かないうちにたまっていくのです。

いくらコミュニケーションやスキンシップを心がけて愛情を注いでいても、毎日叱ってばかりでは全て帳消しです。

「叱ってしまう流れ」から「叱らなくて済むシステム」へ

でも、親の中には、しつけとは叱ることだと思っている人もいるようです。

また、中には、「実際問題として、叱らないではいられないよ」という親もいると思います。

でも、私はそうは思いません。

「叱る」とは、広辞苑によると「声をあらだててとがめる」ことです。

つまり、「叱る」ということの中には、「感情的になる」ことが含まれているのです。

でも、このようなことが、毎日毎日必要なのでしょうか?

子どもと生活する上で、大人が感情的になって「声をあらだててとがめる」ようなことがそれほどたくさんあるのでしょうか？

もし、子どもが人間として許されないようなことをしてしまったとすれば、そのときは「叱る」ことも必要になるでしょう。

例えば、誰かを裏切ってしまったとか、傷つけてしまったとか、卑怯《ひきょう》なことをしてしまったとか、弱い者をいじめてしまったなどという場合です。

でも、普段の生活の中で、大人が感情的になって「声をあらだててとがめる」必要が毎日あるのでしょうか？

もし、そうだとしたら、それはその家の生活の仕方自体に問題があるのではないでしょうか。

それは、その家の生活の流れやシステムに問題があるのです。

生活自体が、「子どもを叱られるような状態に追い込む流れ」になっているだけなのです。

言い換えると「叱ってしまう流れ」です。

親が、生活の中に「叱らなくて済むシステム」を作っていないだけなのです。


私は、クラス担任としていつも三〇人以上の子どもたちと毎日生活してきましたが、「声をあらだてて、とがめる」ようなことは、ここ一〇年間ほとんどしたことがありません。

私がすることは、指示、指導、指摘、注意、命令などです。

そして、確認、評価、称賛などです。

そして、それらの全てに先立つものとして、システムの工夫です。

感情的に叱ると、子どもからの評価が下がる

なぜ、私は声をあらだてて、とがめることがないのでしょうか。

それは、叱ることは無意味だということを、無意味どころか逆効果だということを、私が身に染みて知っているからです。

そして、「叱らなくて済むシステム」を作ることに力を注いできたからです。

私も、以前は、子どもを叱ることがよくありました。

「声をあらだててとがめる」毎日を送っていました。

そして、その度に、嫌な気持ちになるのが常でした。


叱られる子どもは、うなだれて、しょんぼりしています。

それまでは子どもらしさを思う存分発揮して生き生き輝いていたのに、急に私に叱られてシュンとしています。


そして、こちらも、叱った後の空しさがいつまでも残ります。

叱っているときは、感情に飲み込まれているので気が付きませんが、しばらくすると、とても空しい気持ちになります。

まず、つい感情的になってしまった自分が嫌になります。

そして、もっと冷静に穏やかに言えたはずだということに気が付きます。


さらに、多くの場合、子どもを叱ったけれども責任の半分はこちらにもあるということに気が付きます。

私が叱らなくても済むような導き方ができていれば、こうはならなかったのですから。

それに、感情的に叱ることで状況が改善されたことなど、ただの一度もありませんでした。

それどころか、感情的に叱った後しばらくすると、子どもたちの心の中にある変化が生じていることに気が付くようになりました。

それは、それ以前と比べて私を見る目が微妙に違ってきているということです。

つまり、子どもたちの中で教師としての私の価値が低くなっているのです。

感情的な人の一言には重みがない

このことは、大人同士の人間関係の中でもときどき起こることです。

例えば、会社の中で、ある人がこのような感情的な行動をしてしまったらどうでしょう？

イライラして、同僚や部下に感情的な言葉を発してしまったとしたらどうでしょう？

一度でもそういうことがあると、その人は、そういう人なのだということがみんなに分かってしまいます。

たとえ、それ以前は温厚でいい人だと思われていたとしても、です。

一度でもそういうところを見せてしまったら、もうその人への評価はぐんと下がってしまいます。

そして、二度と元には戻りません。

ましてや、何度も何度も日常的にそのようなことを繰り返してしまう人は、みんなからだんだん軽く扱われるようになってしまうのです。

その人の言うことは、みんな聞かなくなっていきます。

その人の指示や指導は効き目がなくなっていきます。

なぜなら、指示や指導には、その人自身の人間性の裏付けが必要だからです。

例えば、Aさんが一言「自分の仕事に責任を持ちましょう」と言ったら、みんながそれに向かってがんばり出すかもしれません。

でも、Ｂさんが同じことを言っても、誰もそれを聞かないかも知れません。

それは、ＡさんとＢさんへのみんなの評価が違うからです。
二人の人間性への評価が全く違うからです。
評価が違うと、二人の言葉の重みが違ってきます。
Ａさんの一言は重く、Ｂさんの一言は軽いのです。
このようなことは、大人同士の関係でよくあることです。

でも、大人と子どもとの間でも全く同じようなことが起こるのです。
しかし、多くの大人はそれがよく分かっていません。
多くの教師や親が、そのことを知りません。
というのも、相手が子どもだからです。
無意識のうちに、油断しているのです。

親の一言の重みを子どもは見抜いている

お父さんやお母さんの一言の重みも、それぞれの家庭によってかなり違います。

これは、以前、休み時間に四人の子どもたちとおしゃべりしたときに聞いた話です。

その子たちは、みんな家が同じ団地なのでいつも一緒に遊んでいました。

昨日はE君の家、今日はF君の家という感じで、それぞれの家を回るような形で遊んでいました。


ひとしきり遊びの話をした後で、今度は、それぞれの家のお母さんの噂話になりました。

お菓子を出してもらったり、仕事を手伝わされたり、片付けのことを注意されたりなど、いろいろな話が出ました。


そのとき、ある子がこう言いました。

「E君のお母さんが言うと、なんだか聞かなきゃって感じするよね」

「そう、そう」

「なんだか、そうだね」

「なんだか、そうしようっていう気になるよね」

すると、F君がこう言いました。

「俺っちのおかあさんだと、なんだか別にどうでもいいやって気にならない？」

「うん……そんな感じするかも」


とてもお母さんたちには聞かせられない会話です。

どこかで、教師たちについても同じようなことを言っているのは間違いありません。

ところで、子どもたちの会話に出てきたE君のお母さんというのは、どういう人だと思いますか？

子どもたちが言うことを聞くということで、とても怖いお母さんなのかと思うかも知れません。

でも、実は、全くその反対で、とても穏やかでやさしいお母さんなのです。

では、子どもたちがあまり言うことを聞く気になれないというF君のお母さんは、どういう人でしょうか？

みなさんも、もうお分かりだと思いますが、とても感情の起伏の激しい人です。

F君もよく大きな声で叱られていましたし、一緒に遊んでいる子どもたちもよく叱られていました。

「また、片付けてない！　あなたたちは、何回同じことを言われればできるの！」

などというような言い方をしてしまう人なのです。

E君のお母さんは、決してこのような言い方はしません。

子どもたちの評価は、とても厳しい

ところで、子どもたちの話を聞いていて、もう一つ気が付いたことがあります。

それは、四人のお母さんたちについて、子どもたちは心の中で無意識のうちにランク付けをしているらしいということです。

E君のお母さんが一位で、続いて、G君、H君、F君のお母さんという順位のようです。

子どもたちが順位を私に言ったわけではありません。

それぞれの子どもたちが、その順位をはっきり意識しているわけでもありません。

そうではなく、全くの無意識のうちに、それぞれの子どもたちの心の奥で順位ができていたのです。

そして、それが、どの子の中でも同じ順位だったのです。


これは、子どもたちの話を聞いているうちに私が気づいたということであり、その子たちは気付いてはいないのです。

自分たちで気付いてはいないのに、心の中に全く同じ順位のランク付けがあるのです。

これは、私にとって驚きでした。

そして、大人と子どもの関係について考えるきっかけにもなりました。

もちろん、子どもたちは、教師についても同じことをしているはずですから。

子どもというのは、侮《あなど》れないものなのです。

しかし、多くの大人はそれがよく分かっていません。

多くの教師や親が、そのことを知りません。

というのも、相手が子どもだからです。

無意識のうちに、油断しているのです。

私の苦い経験

私もそうだったので、よく分かります。

これは、私が身をもって経験したことです。


ある年、私はとても指導力のある二人の教師と同じ学年を受け持つことになりました。

私は、自分のクラスをいいクラスにしよう、しつけをしっかりしようと思ってがんばりました。

楽しくて力のつく授業をしようと、いろいろ工夫したり準備をしたりしました。

それと同時に、子どもたちをしっかりさせようと、いろいろ叱ったり怒ったりしました。

でも、なかなか思うようにはいかず、イライラすることが多くなっていきました。

そして、叱ったり怒ったりすることがどんどん多くなっていきました。

すると、一学期は素直に言うことを聞いていた子どもたちが、二学期になるとだんだん言うことを聞かなくなっていきました。

そして、三学期になると、全く言うことを聞かなくなってしまいました。


三学期になってやっと私は気が付きました。

感情的に叱ったり怒ったりするたびに、子どもたちが言うことを聞かなくなっていくという事実にです。

でも、その時はもう遅すぎでした。

子どもたちは、私という人間の底の浅さを見抜いてしまっていたのです。


とても苦しい三学期がやっと終わり、春休みになりました。

春休み中に、来年度に何年生を受け持ちたいかという希望を学校長に出すことになっていました。

私は、迷いました。

他の二人は、同じクラスを持ち上がりたいという希望を持っていました。

でも、私は、なかなかそういう気持ちにはなれませんでした。

しかし、このままでは終われないという気持ちもありました。

もう一年やってなんとか立て直したい、負けたまま終わりたくないという気持ちです。

一人だけ持ち上がらないのは、自分が負けたのを認めるような気がしたのです。

いろいろ迷いましたが、持ち上がりを希望することにしました。

子どもの厳しい評価に凍りついた私

そして、三人の希望は受け入れられ、もう一年同じクラスを受け持つことになったのです。

希望は通りましたが、私は、複雑な気持ちで新年度を迎えました。

そして、春休みが終わり新年度の始業式の日になりました。

学校中の子どもたちが体育館に集まり、始業式が始まりました。

子どもたちは、校長先生から新しい担任の先生が発表されるのを今か今かと待っています。

一年で一番緊張する瞬間です。


新しい担任の先生が、低学年から順番に発表されていきます。

「○年○組は○○先生です」

「おお、やった～」

「□年□組は□□先生です」

「わ～、わ～」


このように進んでいくのですが、私は生きた心地がしませんでした。

私の名前が言われた瞬間、子どもたちがどんな反応をするか心配で心配でならなかったからです。

でも、そのときは、だんだん近付いてきました。

そして、私の隣のクラスの先生が発表されました。
そのクラスの子どもたちは、大喜びしました。
感激のあまり、泣き出す子もいたほどです。

そして、とうとう私の番です。
私はその時の情景をいまだに覚えています。
たぶん一生忘れないと思います。
私の名前が呼ばれた瞬間の子どもたちの反応は、予想以上の冷たさでした。

誰一人、喜ぶ者などいません。
ええ⁈　という声すら出ません。
隣のクラスとのあまりの違いに、私は凍りつきました。
まさに居たたまれない気持ちとはこのことです。
このまま立ち去ることができたなら、どんなにうれしいことか……

でも、私の気持ちなどお構いなしで、次のクラスが発表されました。
こちらも、また、大喜びで大歓声が上がりました。
喜びに溢《あふ》れてニコニコしている両隣のクラスの子どもたち。
それに囲まれて、静まりかえる私のクラスの子どもたち。
全て自分が蒔《ま》いた種とはいえ、厳しすぎる現実でした。
その後の一年間の辛《つら》さは、言葉では言い表わせないくらいのものでした。

「叱らなくて済むシステム」という発想

このような苦い経験の後、ようやく私も自分自身を変えることができました。
もう二度と感情的な叱り方をしないと決意するに至ったのです。

それと同時に、あることを決意しました。
それは、叱らなくて済む工夫をしようということです。
言い換えると、「叱らなくて済むシステム」を作ろうということです。

それはどういうことか、説明したいと思います。

例えば、私のクラスにはいつも次のような決まりがあります。

「登校したら、八時までに、その日のいろいろな提出物を黒板の前の箱に出す」

ところが、これがなかなか守れない子がいるのです。

一年生でも五、六年生でも、必ず何人かいます。


以前は、守れない子を叱っていました。

朝の会の「先生のお話」というところで、それを取り上げたこともありました。


「今日は誰々さんと誰々さんが八時までに出せませんでした」

「……」

「なぜ出さないんですか?」

「……」

「他の人たちは、みんな八時までに出せていますよ」

「……」

「しっかりしなさい！」

「はい……（シュン）」


というような具合です。

個別に呼んで叱ったこともありました。

いずれにしろ、朝から嫌な雰囲気になるのが常でした。


このような流れでは、自然に子どもを叱ることになってしまうのです。

つまり、これは、子どもを「叱ってしまう流れ」なのです。

しかし、ほんの少し工夫をするだけで、これを「叱らなくて済むシステム」に変えることができるのです。

「叱らなくて済むシステム」とは、どういうものか？

例えば、私は、「叱らなくて済むシステム」を作るために小黒板を利用しています。

小黒板に朝の流れを書いておくのです。

・出す物を出しましょう
・八時までです
・係の仕事をがんばりましょう
・外で元気に遊びましょう

このように書いてある小黒板を、毎日帰り際に、係の子がクラスの前面の黒板に張り付けます。

こうしておけば、朝学校に来たときに、誰もがそれを目にすることになります。

それを見て、朝の八時までにするべきことを思い出すことができるわけです。

これだけでも、かなり効果があります。

ですから、これだけで、全員がきちんとできるようになる年もあります。

でも、これだけでは足りない場合もあります。

そのときには、もう一工夫します。

それは、みんなで小黒板に書いてあることを読むという方法です。

一人か二人の子に特別に任命して、その子は七時四五分に次のように大きな声で言います。

「読んでください。さん、はい」

つまり、この子の号令で先程の小黒板に書いてあることをみんなで一斉に読むのです。

「出す物を出しましょう。八時までです……」

というように、教室にいる子どもたち全員で読みます。

これは、とても効き目があります。

というのも、声に出して読めば誰の耳にも聞こえるからです。

小黒板に書いてあるだけでは気が付かないでいた子も、これなら気が付かないわけにはいきません。

「あっ、そうだった」

という感じで、慌《あわ》ててやり始めるのです。

たいていの場合は、これで、どの子も朝の仕事がきちんとできるようになります。

もし、これでもうまく行かない場合には、その問題に応じた方法を工夫すればいいのです。

私は、トヨタ自動車のまねをして「改善、改善」と言いながら工夫してきました。

これが、「叱らなくて済むシステム」です。

家庭における「叱ってしまう流れ」

みなさんの家は「叱ってしまう流れ」になっていませんか?

例えば、食事をしたら歯を磨くということを例に取ってみましょう。


今、楽しい夕食の真っ最中です。
○子さんが今日学校であったことを話しています。
お父さんとお母さんが聞いたり質問したりして、話に花が咲いています。

さて、夕食を食べ終わったら、○子さんの好きなテレビ番組が始まりました。
○子さんは、もうテレビに夢中になってオープニングソングを一緒に歌っています。

お父さんとお母さんも世間話に花が咲いています。

三〇分くらいしてそのテレビ番組は終わりましたが、〇子さんは今度は別の番組を見ています。

お父さんとお母さんの世間話も終わり、お母さんは食器を洗い始めました。

水道の蛇口をひねったとき、お母さんはふと気が付きました。

「あっ、また、〇子は歯を磨かなかった」

そして、お母さんは、昨夜も〇子さんが歯を磨かなかったことを思い出して、ちょっと不愉快になりました。

「〇子、〇子！　歯を磨いてないでしょ？」

「……」

テレビに夢中の〇子さんは返事をしません。

無視された形になったお母さんは、だんだん声が大きくなってきました。

「○子、○子!!　何度言ったら分かるの？　あなた、また、歯を磨くの忘れたでしょ？」

「……あっ、そうだった」

「そうだったじゃありません」

「……」

「昨日も同じこと言われたでしょ？　なぜいつも同じこと言われるの？」


言っているうちに、だんだん頭に血が上ってきてしまいます。

「いつもいつも同じこと言われて、嫌にならないの？　なんで、そんなにだらしがないの？」

「……」

「そのだらしがないのを直しなさい！　明日の支度《したく》だって、いつも言われないとできないでしょ！」


これが、「叱ってしまう流れ」です。

家庭における「叱らなくて済むシステム」

では、これを「叱らなくて済むシステム」にするには、どうすればいいのでしょうか？
例えば、次のようにいろいろな工夫が考えられます。

●食卓に箸を並べるとき、歯ブラシも置いておく
●ただ「いただきました」と言うのではなく、「いただきました。歯を磨きます」と言うようにする。
●食べた後にやるべきことを紙に書いて、目立つところに置く。
「食器を運ぶ。こぼしたところを拭《ふ》く。歯を磨く」などというように。

いかがですか？
食卓にあらかじめ歯ブラシを置いておくだけでも、かなり違ってくるはずです。
ほんの少しの工夫で、大きく違ってきます。
もし、それでうまくいかなければ、新しい工夫をすればいいのです。

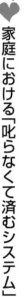

トヨタ自動車のまねをして、「改善、改善」と言いながら工夫してみてください。

やっているうちに、それは結構楽しいことだと分かってくるはずです。

これは、ほんの一例ですが、「叱らなくて済むシステム」とはどのようなものかお分かりいただけたでしょうか?

それぞれの家庭の生活や子どもの実態に合わせた工夫を、ぜひ、してみてください。

これで本当にしつけができるのか?

ところで、これをお読みのみなさんの中には、これほど親切にする必要があるのか、と感じる人もいると思います。

これではいつまで経っても自分でできるようにならないのではないか、と感じる人もいると思います。

実は、私も以前はそう思っていました。

でも、今はそうは思いません。

これは、私が二〇年以上も学校という教育の最前線で日々子どもたちと向かい合いながら生きてきた上での、結論です。

クラスに四〇人近い子どもがいると、実にいろいろな子どもがいるものです。

一回言えば、次からすぐできるようになって、しかも、ずっと続けられる子もいます。毎日毎日同じことを言っても、なかなかできるようにならない子もいます。

先程の「登校したら、八時までに、その日のいろいろな提出物を黒板の前の箱に出す」という単純なことについても、そうです。

四〇人いれば、だいたい三、四人はできない子がいるものです。

中には、登校中に「八時までに出す。八時までに出す」と唱えながら歩いてきたのに、教室に入って友達としゃべり始めたらすっかり忘れてしまったという子もいました。

朝、家を出るときに自分の腕に「八時までに出す」とマジックで書いてきたのに、それでも忘れてしまったという子もいました。

なぜ、できないのか、なぜ、忘れてしまうのかと、大人からは不思議に思うくらい簡単なことなのですが、それでもできない子は必ずいるのです。

「五十八」の足し算など、大人から見ればできないはずがないくらい簡単な問題ですが、それができない子は必ずいるのです。

それと同じなのです。


そこで、システムがしっかりしていないと、どうなるでしょう？

そのような子たちは、毎日毎日叱られることになるのです。

このような些細なことで毎日毎日叱られ続けることで、子どもたちはだんだん自信を失っていきます。


そして、大人は、その子たちのいい面に目を向けることができなくなっていきます。

すると、だんだんその子たちの持ついい面が、表に出てこなくなってしまいます。

ちょっとだらしがなくて、八時までに毎日きちんと出せないけど、とても感性が豊かな子がいたとします。

八時までに出さないと言って朝から毎日叱っていると、その子がすばらしい感性を発揮しても、それに相応《ふさわ》しい評価ができなくなってしまうものなのです。

「どうせあの子は」というような色眼鏡でいつの間にか見てしまうようになるものなのです。

だんだん、その子の苦手な面だけが目に付くようになっていくものなのです。

「できるようにならなくてもいい」という決意

でも、「叱らなくて済むシステム」を工夫すれば、このようなことで叱らなくて済むようになります。

そして、このような工夫したシステムの中で生活しているうちに、だんだん自分でできるようになっていくこともあるのです。

小黒板をみんなで読んで提出物を出しているうちに、何カ月かすると、それが自然に身に付いてきます。

だんだん習慣ができてくるのです。

「読んでください。さん、はい」の号令の前にできるようになってくることもあるのです。

システムがしっかりしていると、このような効果も期待できるのです。

叱ったり怒ったりしなくても、できるようになることがあるのです。


でも、中には、いつまでも身に付かない子もいます。

私は、それでもいいと思っています。

誤解を招くかも知れませんが、あえて言います。

なかなか身に付かない子がいてもいいのです。

それに、実際問題として、なかなか身に付かない子は必ずいるのです。

でも、それは仕方がないことなのです。


大人にとっても、自分自身を変えるのはなかなか難しいことではないですか？

今までできなかったことをできるようにするというのは、なかなか難しいことではありませんか？

みなさんは、自分自身をすぐに変えることができますか？

私には、できません。

子どもも全く同じなのです。

できないことを許せない大人が、子どもを傷つける

でも、大人の中には、それがどうしても許せない人がいます。

教師にも親にも、そういう人がいます。

今年のうちに、絶対に○○ができるようにしてやろう……

子どものうちに、○○を直してやらなければ……

このような強い気持ちで子どもに向かう大人がいます。

このような気持ちは、ある意味で尊いものではあります。

それがなければ、そもそも教育は成り立たないともいえます。

でも、このような気持ちが強すぎて、結果的に悲惨なことになってしまうことが往々にしてあるのです。

みなさんも、そのような経験がありませんか？

私は、自分自身がこのようなことをやってきましたし、それ以外にもたくさんの例を見てきました。

いくら言ってもできない子に、これでもかこれでもかとやっていっても、できるようにはならないのです。

それにもかかわらず、叱ったり怒ったりしてでもやらせようとする大人がいます。

それは、子どもを苦しめ、痛めつけ、傷つけるだけで、何一つ子どものためにはならないのです。

このような大人たちが、子どもの心に、生涯拭《ぬぐ》い去れないような深刻な傷を負わせているのです。

教育とか、しつけとかの名の下に、どれだけこのようなことが行なわれてきたか分かりません。

いわゆるトラウマの多くは、教育とかしつけという名で大人たちによって刻まれてきたのです。

多くの大人たちは、自分たちがやるべきことと、やってはいけないことの区別ができていないのです。

やってはいけないことをやってしまう大人たち

では、大人たちがやるべきこととは、どのようなことでしょうか？

それは、何をどうすべきか教えたり、考えさせたりすることです。

そして、それを子どもが自然にできるように、いいシステムを作ってやることです。

そして、しっかりできていれば褒《ほ》めてやることです。

うまくいっていなければ指摘したり注意したり、または、システムを改善したりすることです。

では、反対に、やってはいけないこととは、どのようなことでしょうか?
それは、次のようなことです。
できないからといって、叩いたり蹴《け》ったりの暴力を振るうことです。
感情的に叱ったり怒ったりすることです。
言葉の暴力で傷つけたり、人格を否定するような言葉を投げかけたりすることです。
無理強《むりじ》いしたり、脅《おど》したりすることです。

やたらに厳しくしたり、怖さでもって律したりすることもこれに入ります。
そして、多くの大人が気が付いていないことですが、どうしてもできない子を無理矢理やれるようにしようとすることも、これに入るのです。

子育てでは、目をつぶる勇気が必要になるときが必ずある

では、どうしてもできない子はどうすればいいのでしょうか?
それは、目をつぶればいいのです。

やるべきことはやって、それでもできなければ、目をつぶればいいのです。


どうしても、八時までに提出物を出せなければ目をつぶればいいのです。

どうしても、前の日のうちに次の日の支度ができなければ、目をつぶればいいのです。

どうしても、脱いだ靴の整頓ができなければ目をつぶれば、いいのです。


別に、それができなくても、どうということはないのです。

一度冷静になって考えてみれば、大人が躍起《やっき》になって子どもに言っていることのほとんどは、それほど大したことではないと気が付くはずです。

少なくとも、子どもの心にトラウマを残してまでもやらなければならないほどのものではないのです。


私は、いつも言っています。

目をつぶる勇気が必要です。

目をつぶる決意をしてください。

大人が子どもに向かうとき、この勇気が必要になるときが必ずあります。

でも、ただ目をつぶるのではないのです。

短所に目をつぶる代わりに、長所を伸ばす決意をするのです。

短所に目をつぶって長所を伸ばす決意

実際に、いつまで経っても八時までに提出物が出せない女の子がいました。

でも、その子はとても感性が豊かな子でした。

その子は、朝の会のお話作文で他の子が言わないようなことを言う子でした。

例えば、こういう話をしてくれました。

「きのう学校から帰るときに、山と空の間に沈みかけた太陽の頭が少しだけ残っていました。私が家に付くまでがんばって残ってくれていました。よほど我慢していたみたいで、私が家に着いたら、すぐに吸い込まれるように消えてしまいました」

このような話は、しようと思ってできるものではありません。

誰にでもできるような話ではないのです。

でも、こういう長所がある反面、いつまで経っても八時までに提出物を出せるようにならないという短所もあったのです。


しかし、私は、その子が八時までに提出物を出せないということには、目をつぶることにしました。

もちろん、一時間目の後で出してあるか確認はします。

もし、出してあれば大いに褒めます。

出してなくても、「はい、今から出してください」と言って出させればいいのです。

それ以上のことを言えば、ろくでもないことを言うに決まっているのです。

私の指導力では、もう限界なのです。

その代わりに、その子の長所に目を向けそれを伸ばす方に力を注ぐようにしたのです。

子どもを傷つける親の言葉遣い

ここまで、叱るということについて考えてきました。

そして、叱らなくて済むシステム、目をつぶる勇気などについて書いてきました。

ところで、叱ることと並んで私が気になるのは、親の言葉遣《づか》いの問題です。

感情的に叱るところまではいかなくても、親の言葉遣いが子どもを傷つけている例がとても多いのです。

例えば、子どもに何かを言うとき、次のような否定的な言い方をしている人がけっこう多いようです。


「食べたら歯を磨かなきゃだめだよ」

「次の日の仕度は早めにやらないとだめだろ」

「自分の仕事はしっかりやらなきゃいけないよ」

「脱いだ靴は揃《そろ》えなくてはいけないね」

これらの言い方には、「ない」とか「だめ」などの言葉が入っています。

このような否定的な言葉が入っていると、聞いている人はいい気持ちがしないものです。

このような否定的な言い方をされると、無意識のうちに自分自身が否定されているように感じるからです。


いつもいつも同じ相手にそのような言い方をされていると、だんだんその人に対する不信感が育ってきてしまいます。

一回や二回ならどうということがなくても、じわりじわりと効いてくるのです。

これもボクシングのジャブのようなものなのです。

どんなに親しい間柄でもそうです。

それが、たとえ親子でも同じです。

人格を否定する言い方は、絶対にしてはならない

さらに、これよりまずい言い方があります。

それは次のような言い方です。


「食べたら歯を磨かなきゃだめだよ。お前はずるいな」

「次の日の仕度は早めにやらないとだめだろ。何回言ってもできないのはバカな証拠だ」

「自分の仕事はしっかりやらなきゃいけないよ。怠け者だな」

「脱いだ靴は揃えなくてはいけないね。全くだらしがないんだから」


これらの言い方は、ただ否定的な言い方をしているだけではありません。

相手の人格を否定する言い方もしているのです。

「ずるい」「バカ」「怠け者」「だらしがない」などという言い方は、相手の人格そのものを丸ごと否定する言い方です。


こんなことを言われたら、誰でもとても嫌な気持ちになってしまいます。

たとえ一回でも誰かからこんなことを言われたら、心が深く傷つきます。

言われたときのことは忘れられないものです。

言った相手のことやその状況も、いつまでも忘れられないものです。

たとえ相手が親であっても、同じです。


そして、その傷は心に深く残って、相手への不信につながっていきます。

こういう言い方をして自分を否定する人の「愛情」など、信じられるはずがありません。


それに、こういう言い方をされている子は、必ず次のように言うようになります。

「どうせずるいもん」「どうせバカだよ」「どうせ怠け者ですから」「どうせだらしがないんだから、しょうがないでしょ」

いくらコミュニケーションやスキンシップを心がけて愛情を注いでいても、このような言い方をしていては全て帳消しです。

子どもをやる気にさせる肯定的な言い方

ちょっと言い方を変えて、次のような言い方にするだけで、聞いている人の気持ちは全く違ってきます。

「食べたら歯を磨くと気持ちがいいよ」

「次の日の仕度を早めにやっておくと、すっきり遊べるね」

「自分の仕事をしっかりやってくれると大助かりだよ」

「脱いだ靴が揃えられていると気持ちがいいね」


これらの言い方は肯定的な言葉を多く使っているので、聞いている人は気持ちがよくなるのです。

肯定的な言葉が多いと、無意識のうちに自分自身が肯定されているように感じるからです。

それに、肯定的な言い方は、できたときのいいイメージを自然に想像させることができます。

それで、聞いている人は前向きにやってみようかなという気になるのです。

ときには、単純命令形の言い方も必要

でも、実際問題として、いつもいつも肯定的な言い方ばかりしてはいられないというのも本音のところです。

その際は、次のような単純な命令形で言えばいいのです。

否定的な言い方や人格を傷つけるような言い方をするよりは、よっぽどましです。

「食べたら歯を磨きなさい」

「次の日の仕度を早めにやること」

「自分の仕事をしっかりやりましょう」

「脱いだ靴を揃えてください」

親の言葉遣いが親子関係を決める

このように、親の言葉遣いが子どもに与える影響は、計り知れないほど大きなものです。

これに気付いて、毎日の言葉遣いに気を付けるだけでも、親子関係はよくなります。

いい親子関係は、子どもの教育のための絶対的な条件です。

と同時に、親の肯定的な言葉を毎日浴びることで、自分自身への肯定的な気持ちが育っていきます。

この自分自身への肯定的な気持ちは、子どもを前向きにし、人生への意欲につながります。

つまり子どもは、なんでもがんばってやってみようという気持ちになるのです。

勉強に関することでもそうですし、親がいろいろしつけたいと思っていることでもそうです。

このような意欲が持てない子や、「どうせ……」というような投げやりな気持ちの子は、親がいくらいろいろなしつけをしようとしても、受け入れる気持ちにはなりません。

褒めることの大切さ

ところで、このような自分自身への肯定的な気持ちや人生への意欲を持たせる上でとても大切なことがあります。

それは子どもを褒《ほ》めるということです。

人は誰でも褒められるとうれしいものです。

たった一つのことでも褒められると、その日一日ずっとうれしいものなのです。

褒められると心がほかほか温かくなって、どこからともなくやる気が出てきます。

そこで、私はクラスの担任として、子どもを意識的に褒めるようにしていました。

・

あるとき、ささいなことで朝から友達とけんかをして元気のない子がいました。

一応仲直りをしたのに、二時間目が終わるころになっても、その子はしょんぼりしていました。

そこで、私は、その子にこう言いました。

「あなたは、いつも本係の仕事をしっかりやってくれているね。おかげでクラスの本がいつも整頓されていて気持ちがいいよ。隣のクラスの○○先生も、二組はいつも本が整頓されていていいですねって言っていたよ。いつもありがとう」

それを聞いたその子の顔は、みるみる明るくなりました。しおれていた花が急に開いたような感じでした。

その後、その子は元気はつらつになって友達と遊びに行きました。

三時間目には、大張り切りで発表をたくさんしました。

三時間目の休み時間には、一生懸命学級図書を整頓していました。

給食の配膳の時には、風邪で休んだ給食当番の子の代わりを自ら買って出てくれました。重い容器を一生懸命に運んで、楽しそうにお椀《わん》によそっていました。

その後もずっとがんばって、さようならをして帰るまで、とても張り切っていろいろなことに取り組みました。

褒められているという実感を持っている子は、ほとんどいない

このようなことは特別な例ではありません。

学校現場で日々子どもたちに接している教師なら誰でも、日常的に経験していることで

す。

たった一つのことで褒められただけで、子どもはうれしい気持ちになり、いろいろな面でやる気を持ってがんばるようになるのです。

今これをお読みのみなさんも、振り返ってみれば、自分自身で同じような経験があるはずです。

褒めることで子どもを伸ばすことができるというのは、子育てや教育の常識中の常識です。

しかしながら、実際に我が子を褒めている親は意外と少ないものなのです。

ましてや、日常的に褒め続けているという親はほとんどいません。

私は、子どもたちとのおしゃべりの中で、ときどき聞いてみます。

「このごろ、家の人に褒められたことがある?」

子どもたちはどう答えると思いますか?

実は、「ない」という答えがほとんどです。


いつ聞いてみても、「ある」と答える子はあまりいません。

中には「褒められたことなど一度もない」と答える子もいるくらいです。


その後、必ず誰かが次のように言います。

「怒られたことならあるよ」

すると、それを聞いた他の子どもたちも「ある、ある」と口々に言い、その時のことを話し出します。

そして、その話題で大いに話が弾むということになってしまうのです。

自分自身をプラス思考に変える

では、どのようにしたら、子どもを褒められるようになるのでしょうか？

その方法は二つあります。

一つ目は、自分自身をプラス思考の性格に変えることです。

二つ目は、子どもの短所に目をつぶり長所を伸ばす決意をすることです。

先程のような否定的な言い方をする人や、子どもをあまり褒められない人には、共通することがあります。

それは、自分の日頃の考え方自体がマイナス思考だということです。

生活、仕事、人間関係など、全ての面でマイナス思考なのです。

ですから、当然、子育てについてもそのようにならざるを得ません。

そういう人が、子育てについてだけはプラス思考になるなどということはあり得ないことです。

そういう人は、自然に物事の否定的な面を見つけ出して、それを話題にします。

そして、日常の会話にも否定的な言葉がたくさん出てきます。

「自分にはできない」「あなたには無理」「あなたはここがだめ」「この魚はまずいね」「いやになっちゃうな」……

一方、子どもに肯定的な言い方ができる人や、子どもをどんどん褒められる人にも、共通することがあります。

それは、自分の日頃の考え方自体がプラス思考だということです。

そういう人は、物事の肯定的な面を見つけ出して、それを話題にします。

そして、日常の会話にも肯定的な言葉がたくさん出てきます。

「いいね、いいね」「できるよ、大丈夫」「あなたのいいところはここね」「これおいしいね」「ああ、楽しいな～」……

親子で一緒にプラス思考になる

みなさんはどちらですか？　自分がどちらに近いか、一度自分自身をよく観察してみるといいですね。

自分の口癖を分析してみれば、すぐに分かります。

「だめ」「○○ない」などという言い方が多い人は、マイナス思考と思って間違いありません。

自分自身を観察すると同時に、周りの人も観察してみるのもいいと思います。

その気になって観察していると、ほとんどの人は、プラス思考かマイナス思考のどちらかに分けられるということに気付くはずです。

そして、次に気付くのは、生活や仕事を楽しんでいる人は、みんなプラス思考だということです。

世の中で成功している人や幸せな人は、みんなプラス思考だということです。

それはそうです。


いつも、「だめ」とか「○○ない」という言い方ばかりしている人が、楽しく生活したり成功したりできるはずがありません。

ですから、これをきっかけに、マイナス思考の人は、ぜひ、プラス思考に切り替える努力をしてください。

努力すれば、これは可能です。

私自身も、若いころ読んだ本で、このようなことを初めて知りました。

そして、それからは、できるだけ否定的な言葉を遣わないように意識してきました。

初めはなかなかできませんでしたが、意識していると、だんだんできるようになってきました。

始めるに遅すぎるということはありません。

ぜひ、これを機会に始めてください。


それに、これは自分のためだけでなく、かわいい我が子のためでもあるのです。

ここで、一つ大きな決意をしてください。

決意した心には、大きな可能性が開かれます。

子育てを通して、自分自身を成長させてください。


そして、親の思考パターンは子どもにも移ります。

あなたが、今、プラス思考に切り替える努力をすると、それが子どもにも移ることになります。

親子で一緒にプラス思考になっていくことができるのです。

子どもの短所に目をつぶり、長所を伸ばす決意をすること

子どもを褒められるようになるための二つ目の方法は、子どもの短所に目をつぶり長所を伸ばす決意をすることです。

その例として、前の方で、八時までに提出物を出せないけど、とても感性の豊かな女の子のことを書きました。

もう一人の例を挙げたいと思います。

私が受け持った子で、粘土工作がとても上手な子がいました。

受け持って初めて図工で粘土工作をしたときに、そのできばえに驚きました。

動物というテーマで作らせたのですが、その子は自分の家で飼っている大好きな犬を作りました。

できあがった作品は、犬の特徴をとてもよく捉《とら》えていて上手でした。

それだけでなく、芸術的なデフォルメもしてありました。

多くの子どもたちの作品が犬なのか猫なのか馬なのか分からない中で、出色のできでした。

私は、それを褒めて褒めて褒めまくりました。

もちろん、その子はとてもうれしそうで、ニコニコしていました。

もともと、粘土は好きで上手だったのですが、私に褒められてからはますます好きになったようです。

休み時間にもよく粘土で遊ぶようになり、作品ができあがると見せに来てくれました。

どれもとても上手で、褒め言葉には苦労しませんでした。

その子は毎日毎日褒められているうちに、どんどん自信を持ってきました。

友達は、その子のことを「粘土の天才」と呼び始めました。

そのうちに、絵も上手だということが分かり、これも褒めまくりました。

すると、その子は「絵と粘土の天才」とか「図工の天才」などと呼ばれるようになりました。

その子は、だんだん自信がついて、教室で友達と大きな声で笑い合う姿がたくさん見られるようになりました。


それまでは、あまりそういう姿は見られなかったのです。

そして、絵や粘土以外のことでもがんばるようになりました。

授業中の発表も増えました。


実は、その子は、それまで、宿題をやってこないことや忘れ物をすることが多かったのです。

でも、だんだん宿題をきちんとやってくるようになりました。

苦手な計算の練習などもしっかりやってくるようになり、自主勉強すらときどきやってくるようになりました。

短所に目をつぶる勇気を持とう

しかし、いろいろな面でがんばるようになってきたその子も、忘れ物はなかなか減りませんでした。

さらに、身の回りはいつも乱雑で整理整頓や物の管理は大の苦手でした。

前の方で、八時までに提出物を出せないけど、とても感性の豊かな女の子のことを書きましたが、この子も似たところがあったのです。

でも、私はそのことでその子を叱ったことは一度もありませんでした。

叱っても何一つ解決しないということは、それまでの教師生活でよく分かっていたからです。

私がしたことは、指示、指導、指摘、たしなめ、注意、命令などです。

それと、確認、評価、称賛などです。

そして、それらの全てに先立つものとして、システムの工夫です。

そして、短所には目をつぶる決意をしました。

実は、この短所に目をつぶるということが、大人にはなかなかできないのです。

長所を伸ばすことに関しては、みんな賛成します。

でも、短所に目をつぶるというと、なかなか賛成は得られません。

なぜかというと、それは子どもを見捨てることのように感じてしまうからです。

大人の責任を放棄しているように感じてしまうからです。


しかしながら、本当はそうではないのです。

短所に目をつぶるというのは、見捨てて何もしないことではないのです。

大人は、子どものために自分たちがやるべきことをやります。

でも、子どもに成長がみられなくても、子どもを叱ったり怒ったりしないということです。

そのことで、ぶつぶつ言ったり責めたりしないということです。


どうか、みなさん、この決意をしてください。

子どもの短所に目をつぶり、その代わり、長所を思い切り伸ばしてやるという決意をしてください。

ハンカチは、どこを持ち上げても全体が上がる

このことに関して、私が以前受け持った子のお母さんが、とてもいい譬《たと》え話を教えてくれました。

私はその話が気に入って、自分なりにアレンジして講演会の時に何回か話しました。

それを、ここで再現してみます。


みなさん、ハンカチを持っていますか？

持っている人は、広げて自分の膝の上に置いてください。

では、今からそのハンカチを持ち上げてみてください。

はい、みなさん、持ち上げることができましたね。

ところで、今、あなたは、ハンカチのどこを持って持ち上げましたか？

真ん中を持った人は、どれくらいいますか？
隅の方を持った人は、どれくらいいますか？
真ん中でも隅でもないところを持った人は、どれくらいいますか？
はい、ありがとうございます。

でも、本当はどこを持ってもいいんですよね。
真ん中でも、隅でも、それ以外のところでも、どこを持って持ち上げてもいいんです。
どこを持って持ち上げても、そこに引っ張られてハンカチ全体が上に上がるんです。

人間もこのハンカチと同じです。
人間も、どこを持って持ち上げてもいいんです。
持ちやすいところを持って、上に上げてやればいいんです。
得意なこと、好きなこと、長所を持って、上げてやればいいんです。

音楽が得意な子は音楽で、運動が得意な子は運動で持ち上げてやればいいんです。

勉強でも、絵でも、工作でも、虫取りでも、お笑い芸でも、なんでもいいんです。

どこを持って持ち上げても、そこに引っ張られて人間全体が上に上がるんです。

苦手だったことや短所も、いつの間にか上に上がるんです。


人間全体が上がれば、そういうところも自然に上に上がるんです。

いつの間にか、そういうところが直っているかも知れません。

または、ただ、見えなくなったり気にならなくなったりするだけかも知れません。

でも、そんなことはどちらでもいいのです。

どちらにしろ、その子は幸せになるのです。


ところで、みなさんの持っているハンカチで、糸がほつれているようなものはありませんか？

この私のハンカチを見てください。

この辺の糸がほつれているのが分かりますか？

では、このほつれた一本の糸を持ってこのハンカチを持ち上げてみます。

あっ、糸が切れてしまいました。
当然、ハンカチ全体が落ちてしまいましたね。
どうですか、みなさん？
こんなところを持っても、ハンカチ全体を上に上げることなどできませんよね。

子どもの短所ばかりを見ている人は、これと同じことをしているのです。
ほつれた糸など見ていないで、一番持ちやすいところを持って、どんどん子どもを引き上げてやればいいのです。

第二章

しつけで大事な五つのこと

第一章で、「子育てとしつけで絶対に必要なこととは何か？」を根本から考えてみました。

その中で、私は、愛情を実感させること、叱らなくて済むシステムを作ること、親の言葉遣いに気をつけること、褒めて伸ばすことなどについて書いてきました。

この第二章では、子育てとしつけについて、五つの視点からさらに具体的に考えていきたいと思います。

一　厳しさとは、「継続性」「一貫性」「身をもって示す」の三つ

まず、一つ目の視点として、しつけにおける厳しさというものについて考えてみたいと思います。

というのも、多くの大人たちが、この厳しさというものを誤解しているように思えるからです

では、一体全体、本当の厳しさとは何でしょうか？

私は、ここで、厳しさを三つのキーワードで考えてみたいと思います。

それは、「継続性」「一貫性」「身をもって示す」という三つの言葉です。

厳しさとは、継続性のことである

まず、一つ目の「継続性」について考えてみましょう。

例えば、ある家庭で、次のように決めたとします。

「四月一日から、毎日、I君が朝食の前に玄関を掃く」

その後、どうなるでしょうか？

たいていの場合、次のようになります。

最初の一週間、I君は張り切って仕事をやり、家の人も毎日褒めてくれます。

二週間目になると、I君は、新しい仕事の新鮮さを感じなくなりますが、なんとかがんばってやります。

親の方も、褒めたり褒めなかったりになります。

三週間目くらいになると、仕事がだんだんいい加減になってきます。ときどき忘れてしまうこともあります。

親の方も、I君の仕事への関心が薄れてきます。

四週間目くらいから、忘れたりサボったりすることが多くなります。

でも、親の方も忘れているので、特に叱られることもありません。

五週間くらい経ったある日、突然、親が玄関掃除のことを先に思い出します。

そして、I君がすっかり仕事をサボっていることに気付いて、頭にきます。

「このごろ、全然玄関掃除してないでしょ！」

「あっ、そうだった」

「そうだったじゃありません！　このごろ、ずっと忘れてたじゃない！」

「……」

実は、親の方も忘れていたのですが、そのことには触れません。

触れないというより、気が付かないのです。

子どもの方も、「お母さんも忘れていたでしょ？」などとは言えません。

そして、このとき、叱りつけたり怒鳴《どな》ったりする親がけっこうたくさんいます。

その人たちは、それが厳しさだと思っているのです。

でも、それは、本当の厳しさではありません。

それどころか、むしろ、その正反対のものです。

継続のためには、チェックシステムが不可欠

自分も忘れていたことを棚に上げて相手に感情的になることが、厳しさであるはずがありません。

自分の指導の至らなさを振り返りもせず、相手に責任を押しつけて怒ることが、厳しさであるはずがありません。

本当の厳しさとは、まず、自分に向けられたものなのです。

この場合でしたら、I君に仕事をさせることを決めたとき、親はそれを必ず成功させるという決意をするべきだったのです。

つまり、玄関掃除の仕事がI君の成長に役立つものになるように、しっかり導き続けるという決意です。

そして、そのための方法を考え、自分が実行し続けるべきでした。

例えば、次のようないろいろな方法が考えられます。
（一）I君の朝の生活の流れを書いて目立つところに貼っておく。そこに、玄関掃除も入れておく
（二）できた項目に○をつける生活表を作って、毎朝、確実にチェックする
（三）玄関掃除をして親に見せて合格したら、かわいい合格シールを貼ってやる
（四）朝食の時に「玄関掃除をがんばりました。いただきます」と言ってから、食べ始めるようにする
（五）毎朝、親が確認するのを忘れないように、親の朝の仕事表に書いておく
全部でなくても、必要に応じていくつかやればいいのです。

継続のためには、このようなことをシステムとして生活の中に組み入れることが不可欠で

す。

毎日定期的に確認し、できていたら褒め、できていなかったら指摘したり注意したりするシステムです。

チェックシステムがしっかりしていれば、何事も継続していくことができるのです。

それぞれの家庭に合う方法を考えて、やってみるといいと思います。

このようにすることで、決めたことを必ずやり通すように親子で努力することができます。

このような断固とした継続性への努力に、子どもは、厳しさというものを感じるのです。

そして、それは同時に温かさでもあることを、子どもはよく理解してくれます。

そこには親の愛情が溢れているということを、子どもの本能はよく理解するものなのです。

厳しさとは、一貫性のことである

次に、二つ目の「一貫性」について考えてみましょう。

例えば、犬のトイレの世話をJさんという女の子がすることになっているとします。

ある日、Jさんはテレビゲームに熱中していて、その仕事を忘れてしまいました。

それに気付いたお父さんが、すごい剣幕で怒りました。

その後、しばらくの間しっかり仕事ができていましたが、また、ある日、Jさんは忘れてしまいました。

そのときは、お父さんがニコニコしながらこう言いました。

「あ〜、忘れたのか？　じゃあ、お父さんと一緒にやろうか？」

その後、しばらくの間しっかり仕事ができていましたが、また、ある日、Jさんは忘れてしまいました。

そのときは、お父さんはムッとした顔でこう言いました。

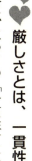

「お前は、いつになったらその仕事がきちんとできるようになるんだ？　だらしがないにもほどがある！」


どうですか、みなさん？

みなさんは、このお父さんのような対応をしたことはありませんか？

このお父さんは、子どもの同じ失敗に対して、ある時は叱り、ある時はニコニコしています。


でも、程度の差はありますが、ほとんどの大人は似たようなことをやっているのです。

ただ、自分で気が付かないでいるだけなのです。

気が付かないから、何度も何度も同じようなことをしてしまうのです。

その一番の理由は、相手を子どもだと思っているからなのです。


このような一貫性のない大人に対して、子どもが厳しさを感じることは絶対にありません。

時と場合によって、または、時々の感情によって対応がころころ変わってくる大人は、絶対に子どもに尊敬されません。

判断の基準がしっかりしていて、一貫性があることが大切なのです。
そこに、子どもは厳しさを感じ取ります。
そして、そういう大人の言うことは、子どもが自然に聞くようになります。

厳しさとは、身をもって示すことである

次に、三つ目の「身をもって示す」について考えてみましょう。
例えば、次の二つの話は子どものお話作文（スピーチ）に出てきたものです。

うちのお母さんは、いつも「友達のいないところで陰口をたたいてはいけませんよ」と言っています。
だけど、昨日、電話でおしゃべりしていて「まったく○○さんの奥さんときたら……」と言っていました。

私は、聞いてしまいました。

「あれ〜、変だな〜」と思いました。


きのう、蓮花寺池の花火大会に行って来ました。

花火はすご〜くきれいでした。

でも、花火が終わって帰るとき、歩いていると、道にゴミがたくさん落ちていました。

急にお父さんが横の方に行ったと思ったら、持っていたお弁当のゴミを道の隅に捨てました。

私は、「いけないんだ〜」と言いました。

お父さんは、「明日、老人会がゴミ拾いをやるからいいんだよ。ゴミが少ないとつまらないだろ」と言いました。


こういう話を聞くと、子どもたちはとても盛り上がります。

みんな似たような経験があるからです。

子どもたちは、親のすることで変だなと思っていることがたくさんあるのです。

あるお母さんは、子どもに「自転車に乗るときはヘルメットかぶりなさい」と言っています。

でも、自分が車に乗るときはシートベルトをしていません。

あるお父さんは、「素直に謝ることが大切だ」と言っています。

でも、日曜日に子どもを遊園地に連れて行く約束を守れなかったとき、そのことを子どもに言われたら、謝るどころか子どもを叱りました。

あるお母さんは、いつも「言葉遣いを丁寧《ていねい》にしなさい」と言っています。

でも、自分が怒ったときの言い方は、ものすごく感情的で叱りつけるような言い方です。

どうですか、みなさん？

このような親の姿を見ている子どもたちが、その親に厳しさを感じるでしょうか？

いえ、いえ、感じるはずがありません。

言うこととすることが違う大人に対して、厳しさなど感じるはずがないのです。

その反対に、まず、大人自身が実行している姿を見せることが大切なのです。

そうすれば、その人の言うことには真実味と重みが出てきます。

そこに、厳しさも自ずから備わってくるのです。

「言うことは聞かないけど、することは真似る」ということわざは、全くの真実なのです。

二　まず冷静になり、原因を調べて、具体的な手立てを実行する

二つ目の視点として、子育てやしつけをしていく上で何か問題が生じたときの対応について考えてみましょう。

子育ての問題に直面したときに、守るべき鉄則とは？

子どもを育てていく過程では、大小の実にいろいろな問題に直面します。
テレビばかり見ていて、なかなか勉強をやらない……
早寝早起きが身に付かない……
我が子はどうも算数が苦手のようだ……
友達作りが苦手なようだ……

このごろ嘘をつくことが多くなった……

このような子育てのいろいろな問題に直面したとき、どうしたらいいのでしょうか？ それぞれの問題で具体的な解決方法は当然違ってくるのですが、絶対に守るべき鉄則があります。


それは、まず、感情的にならずに冷静になるということです。

そして、その問題の原因を調べて具体的な手立てを実行するということです。

この鉄則は、問題の大小に関わらず、絶対に守るべき鉄則です。

何か問題があったときに、親がいたずらに慌てたり感情的になったりすることで、よけいに問題が大きくなってしまうということがときどきあります。

ですから、まず冷静になることが必要です。


冷静になって、問題の原因を調べるようにしてください。

どのような問題にも、必ず原因があります。

ですから、その原因を調べて理解することが、問題解決の第一歩です。

原因が分かったら、問題の半分は解決したといっていいくらいです。

原因が分かったら、それに対して具体的な手立てを考えて実行すればいいのですから。

例えば、早起きが苦手だったら……

例えば、朝なかなか早起きができないという問題があったとします。

その原因について考えてみたら、夜寝るのが遅いからだと分かったとします。

決められた時刻に布団に入っても、なかなか眠りにつけないでいるということも分かったとします。


そうと分かれば、日中にできるだけ外で体を使って遊ばせるようにするという具体的な手立てを実行することができます。

または、入浴の時刻を早めるとかテレビを消す時刻を早めるなどということも、具体的な手立てとして実行することができます。

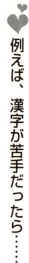

例えば、漢字が苦手だったら……

もう一つの例として、これはしつけというより勉強のことですが、我が子が漢字が苦手だとします。

その原因について考えてみたら、書き取りが嫌いでいつもいい加減に書いているということが分かったとします。

では、なぜ、書き取りが嫌いなのかと子どもをよく観察していたら、鉛筆の持ち方が正しくないのですぐ疲れてしまうのだということが分かったとします。

それならば、三角鉛筆で書かせたり、持ち方の矯正器具を試してみたりするという具体的な手立てを実行することができます。

または、漢字が苦手な原因は、本を読まないので漢字に親しむ機会が少ないからだと分かったとします。

それなら、本の読み聞かせから始めたり、興味のある本を買ってやったりすることもできます。

小学生新聞のように、漢字に振り仮名を振ってあるものを読ませることもできます。

もちろん、原因は複合的なことが多いので、これらを全部やってもいいのです。

このように、冷静に原因を調べて、具体的な手立てを実行することがとても大切です。

これが、問題解決のための第一歩なのですから。

問題が複雑で時間がかかりそうなときは、取りあえず何か一つでも、良さそうなことを実行してみるといいと思います。

これは、親の精神衛生の上でもとても大切です。

というのも、問題があるのにそれに対して何一つできていないという状態こそが、一番のストレスになるからです。

ですから、取りあえず何か一つでも具体的な手立てを実行することで、気持ちを落ち着かせることができます。

気持ちを落ち着かせることで、さらに具体的な手立てをいろいろ実行していくこともできるようになるのです。

スモールステップでしつけがうまくいく

さらに、もう一つ、この具体的な手立てを実行する上で頭に入れておいてほしいことがあります。

それは、ものごとによっては、スモールステップで進めた方がいい場合もあるということです。

例えば、子どもが自分自身で次の日のカバンの仕度をすることができない場合を例に考えてみます。

カバンの仕度を自分でするということは、すでにできる子にとっては当たり前のことで、難しくもなんともありません。

でも、この習慣がない子をできるようにするのは、親にとってなかなか難しいことなのです。

このような場合は、次のようなスモールステップで少しずつ進めるといいと思います。

これは、私が、ある親子に提案したものです。

一　夕食後に親子で一緒にカバンの仕度をする
二　夕食後に、お母さんが見ているところで自分の力で仕度をする
三　夕食後に、お母さんの合図で自分で仕度をし始める
　　仕度ができたらお母さんを呼んで確認してもらう
四　夕食後に、お母さんの合図なしで仕度をし始める
　　仕度ができたらお母さんを呼んで確認してもらう
五　夕食前に自分で仕度をしておき、夕食後にお母さんが確認する
六　夕食前に自分で仕度をしておき、お母さんが一日おきに確認する
七　夕食前に自分で仕度をしておき、お母さんがときどき抜き打ちで確認する

これは、その親子に合わせて作ったものですから、絶対的なものではありません。

例えば、五、六、七の「夕食前」というのは「夕食後」でもいいのです。

または、もっと細かく一〇くらいのステップにしてもいいですし、五つくらいに縮めてもいいのです。

大切なのは、その子の実態と親の事情に合わせてスモールステップを工夫することです。

そして、その際、頭の中だけで作るのではなく、書き出してみることが大切です。

親がその書き出したものを持っていて、ときどき見るようにするといいと思います。


というのも、このような長い期間にわたる根気強いしつけをする場合、だいたいにおいて親の気持ちが続かないで挫折することがほとんどだからです。

子どもの反応によって臨機応変に進み方を変えていくことはあるかもしれませんが、一応の計画をいつも意識しているためには、書いたものが必要なのです。

または、書いたものをあらかじめ子どもに示し、子ども自身が見通しを持って進めるようにするのもいいかもしれません。

いつも目に付くところに貼っておくのもいいでしょう。

できたステップに花丸をつけてやったり、日付を書いてやったりすることもできます。

大きな成長が見られた場合は、○○記念日ということでお祝いしてやるのもいいでしょう。

成果を求めすぎないで、淡々とやるべきことをやる

では、このようなスモールステップでしつけをしていく場合に、気をつけることは何でしょうか？

それは、冷静に根気強くやっていくことです。

早急な成果を望みすぎないで、やるべき事を楽しみながら淡々とやっていくことです。

ときには、既にできるようになったはずのことが、またできなくなることもあります。

その場合には、また前のステップに戻ってやればいいのです。

まさに、三歩進んで二歩下がるという感じです。

それほど、できないことをできるようにすることは大変なのです。


具体的な手立ての工夫をしたり、スモールステップを実行したからといって、すぐに成果が出ないことも多いと思います。

もともと、問題というものは、どんなものでも解決は難しいものなのですから。

そこで成果を求めすぎると、必ず感情的になってきます。


これだけやっているのに……という気持ちになってきます。

そして、子どもにつらく当たるようになります。

否定的な言葉を使ったり、人格を否定する言い方をしてしまったりするようになります。

「やってはいけないことをやってしまう大人たち」になってしまうのです。

そして、子どもにトラウマを残したり、親子関係に深刻な影響を残したりすることになってしまうのです。

実際、子どもにとって、イライラしている親と一緒に過ごすことほど辛いことはありません。

そのような状態では、子どもは自分の長所をのびのびと発揮することなどできません。子どもの持っているいいところまで、出てこなくなってしまいます。

ですから、具体的な手立てを実行するについては、成果を求めすぎずにやるべきことを淡々とやることが大切なのです。

ときには、ある日突然できるようになることもあります。何年もかかって、忘れたころにできるようになることもあります。

また、たとえ、結局できるようにならなかったとしても、それはそれでいいではありませんか。

親が子どものために努力する、その過程そのものに価値があるのですから。

ですから、その努力の過程そのものを、子育ての過程そのものを楽しんでほしいと思います。

三　趣旨や理由を正しく教える

三つ目の視点として、子どもをしつけたいときの話の仕方について考えてみましょう。

話の仕方で大切なことは二つ

話の仕方として、次の二つのことがとても大切です。
その一　子どもを引きつける話し方をすること
その二　趣旨や理由を正しく子どもに教えること

私も、学校で指導をするとき、この二つのことを心がけてきました。
たとえば、挨拶の指導についてみてみましょう。
子どもたちに、挨拶をしっかりしなさいというだけでは、あまり効果はありません。

そこで、子どもを引きつける一つの方法として、次のように自分の体験を入れながら話します。

目の前にいる話し手の実際の体験は、聞き手の興味を大いにそそることができるからです。

子どもを引きつける話し方の実例

今日、先生は学校にきてから教室に来るまで三〇人の人に挨拶をしました。

（えーっ！　すご〜い）

一人目は、隣に車を止めた○○先生です。

車から降りて「おはようございます」と挨拶したら、○○先生も「おはようございます」と笑顔で言ってくれました。

とても気持ちがよくなりました。

（ニコニコ）

それから、いろいろな子どもたちと、どんどん挨拶しました。
△△君とも挨拶しました。
△△君は、先生の二倍の声で挨拶を返してくれました。
（おおっ！　さすが△△君）

次に、犬のウンチを踏んで泣いている一年生の子もいました。
（あっ、ぼくも踏んだことがある）
六年生の子がウンチを取ってくれたんだけど、まだ泣いていました。
それで、先生がその子に「おはよう。もう大丈夫だよ」と言いました。
そしたら、その子もニコッとしてくれました。
（よかった、よかった）

今日は月曜日なので先生も何となくボーっとしていたんだけど、みんなと挨拶しているうちにだんだん元気が出てきました。

声も最初は小さかったけど、だんだん大きい声が出るようになりました。

挨拶を返してくれる子もたくさんいて、うれしかったです。

挨拶しながら目と目が合うと、気持ちが通じるんですね。

挨拶すると、自分も相手も気持ちがよくなって、み～んな幸せになるんですね。


このような体験を入れた話をしてやると、子どもたちは一生懸命に聞いてくれます。

そして、その中に、挨拶の趣旨や理由をそれとなく入れるのです。

そうすると、子どもたちは、話を楽しく聞きながら、けっこうその気になってくれます。

というのも、挨拶の趣旨や理由を実例を通して子どもなりに納得することができるからです。

自分で納得すれば、子どもは自然にそうしようという気になるのです。

このようにして、心に残る話をしてやることができさえすれば、子どもにいろいろなことを身に付けさせることができます。

これは、しつけのための最も有効な方法の一つです。

筋の通った教え方をする

ところで、その二の「趣旨や理由を正しく子どもに教える」の「正しく」について、もう少し考えてみましょう。

たとえば、近所の人にしっかりした挨拶ができるようにしてやりたいと考えたとき、みなさんはどのように子どもに言いますか？

ア　近所の人にあったら、ちゃんと挨拶するんだよ。挨拶すると自分も相手も気持ちがよくなるからね。お母さんも、○ちゃんに「おはよう」って言われると幸せな気持ちになるよ。

イ　近所の人にあったら、ちゃんと挨拶するんだよ。挨拶していると近所の人と仲良くなれるからね。

ウ　近所の人にあったら、ちゃんと挨拶するんだよ。挨拶ができると、しっかりしている子だと思ってもらえるよ。
エ　近所の人にあったら、ちゃんと挨拶するんだよ。挨拶ができないと、親がしつけてないと思われちゃうんだからね。
オ　近所の人にあったら、ちゃんと挨拶するんだよ。挨拶ができないと、Kさんの家のおばさんに叱られるよ。
カ　Mさんの家の子は全然挨拶ができないね。ああいう子は、いくら頭がよくてもだめだよね。

子どもに対して何かを教えるときは、趣旨や理由を正しく教えることが大切です。言い換えれば、物事の正しいあり方や本質を押さえて、筋の通った教え方をするということです。

ア、イ、ウは、筋の通った教え方です。
しかも、プラスイメージを作るような言い方をしています。

このような教え方をされた子は、挨拶について正しく理解し、自分もやってみようという気持ちになるものです。

一見遠回りのようでも、このような筋の通った教え方をすることが大切です。

その一つ一つの積み重ねが、子どもに物事の正しいあり方や本質を教えてくれるのです。

エ、オ、カなどは、趣旨や理由を正しく教えているとはいえません。
エでは、挨拶するのは親のしつけの力を見せるためだと教えているようなものです。

オでは、挨拶するのは誰かに叱られないようにするためだと教えているようなものです。

カでは、趣旨や理由を正しく教えていない上に、子どもの中にその子へのさげすみを生む可能性さえあります。


このような教え方は、決して子どものためになりません。

でも、大人はときどきこのような言い方をしてしまいます。

なぜかといえば、手っ取り早い効き目がありそうだからです。


しかし、このような教え方を繰り返していると、子どもは物事の正しいあり方や本質を理解することができなくなります。
長い間このような教え方をされると、価値観がゆがんでしまいます。

四　子育ての初心に返る

四つ目の視点として、子育ての初心に返ることの大切さについて考えてみましょう。

初心を思い出そう

みなさんの中には、ついつい子どもに辛く当たってしまうという人はいませんか?
どうしても子どもにガミガミ言ってしまうという人はいませんか?
子育てが苦しくなっている人はいませんか?
子育てをもっと楽しみたいと思っている人はいませんか?
そういう人は、ぜひ、子どもの寝顔を今夜じっくり見てみてください。
その子が何歳でも、また、何年生でも、一度じっくり見てください。

そして、その子がもっともっと小さかったころの顔をだんだん思い出してみてください。

そして、その子が産まれたときのことを、ぜひ、思い出してください。


そのころの写真を見てみるのもいいですね。

その子が赤ちゃんだったころの写真や、保育園、または、幼稚園のころの写真を見てみてください。

そこに写っているかわいらしい姿と、自分と家族のうれしそうな笑顔を見てください。


母子手帳を取り出して、ページをめくってみるのもいいですね。


だんだん、そのころのことが思い出されてくるはずです。

そのころの毎日、そのころの生活、そのころの家の中の様子……

でも、一番思い出してほしいのは、そのころのあなた自身の気持ちです。

その子がお腹の中にいるとき、あなたは、どんな気持ちでしたか？

そして、生まれたときは、どんな気持ちでしたか？

きっと誰もが、喜びと不安の入り交じる複雑な気持ちだったのではないでしょうか。喜びの方が大きかった人もいれば、不安の方が大きかった人もいるはずです。

でも、いずれにしても、その中に、この子と共に生きていこうという決意があったはずです。

この子と共に幸せになろうという決意があったはずです。

何が以前と違うのか？

今、子育てに悩んでいる人も多いと思いますが、ぜひ、一度そのころに立ち戻って、初心に返ってみるといいと思います。

そのころと今のあなたを比べて、気持ちの上でいろいろな違いがあるのではないでしょうか。

そして、一番の違いは次のことではないでしょうか。

子どもが赤ちゃんのころ、あなたはその子を全面的に受け入れていたはずです。

そして、その子へ望むものはそれほど多くなかったはずです。健康でありさえすればとか、素直で優しい子に育ってくれさえすればなどという気持ちでいっぱいだったはずです。

ところが、今はどうでしょうか？

今、あなたがその子に望むものは数え切れないほどたくさんになってしまいました。帰ったらすぐに宿題をやってほしい、近所の人にしっかり挨拶をしてほしい、ノートの字を丁寧に書いてほしい、算数ができるようになってほしい、整理整頓のうまい子になってほしい……

そのころとの最大の違いは、まさにこれです。

要するに、あなたは、今の我が子を受け入れていないのです。

こうなってほしい、こうしてほしいという気持ちが強すぎて、どうしても小言や叱ることが多くなってしまっているのです。

顔さえ見ると叱ってしまうという状態になってしまっているのです。

ところが、子どもはなかなか変わらないものなのです。

多くの人が子どもは大人より変わりやすいと思っているようですが、決してそんなことはありません。

これは、子育ての最大の迷信の一つです。


ですから、私はみなさんにお勧めします。

もう一度、初心に返ってくださいと。

初心に返って、もう一度、我が子を全面的に受け入れてくださいと。

いろいろと足りないところが目についているかもしれませんが、仕方がないじゃありませんか。


その子も、自分の短所をなかなか変えられないのです。

それに、いろいろ短所があったとしても、その子は健康にすくすく育っているではありませんか。

目につくところがあったとしても、素直で優しい子に育っているではありませんか。

それで充分ではないでしょうか。

肩の力を抜いてリラックス

足りないものだけを数えるのではなく、今あるものを数えてやってください。

そして、その子を変えてやろうとか、何かを直してやろうと思いすぎないようにしてください。

でも、ついついそのような思いが強くなってしまう人もいるかもしれません。

そういう人は、「その子と人生をお付き合いする」というくらいの気持ちになってみてください。


すると、肩の力を抜いて、リラックスすることができます。

今のその子を受け入れることで、リラックスできるのです。

受け入れることがリラックスをもたらすのです。

その子と共に生きていこう、共に幸せになろうと思っていたころに戻ることができるのです。

そして、冷静に考えてみると、日々思い悩んでいたことがそれほど大したことではなかったと気が付くはずです。

整理整頓ができないとか、勉強が苦手だとか……

おとなしくて引っ込み思案で困るとか……

挨拶ができないとか、ノートの字が雑だとか……

どれもこれも大したことではないと気が付くはずです。

そうです、どれもこれも大したことではないのです。

今日のこのときの親子の安らかな幸せを犠牲にしてまでも、ガミガミ言わなければならないほど大したことではないのです。

親子の良好な人間関係を犠牲にしてまでも、怒ったり叱ったりしなければならないほど大したことではないのです。

人生時計——子どもはみんな夜明け前の夢の中

多くの親たちは、自分の子どもを見るときに近視眼的になっています。

生まれて五、六年の子どもを前にして、悲観したり絶望したりしている人もいます。

もっと長い目で、大きな視野で、大局的に見ることが必要だと思います。

それで、私は、一〇年以上前から懇談会のときに人生時計というものを紹介しています。


この人生時計とは、人の年齢を一日の中の時刻に置き換えてみるものです。

平均寿命を約八〇歳として計算すると、八〇歳が二四時ということになります。

つまり、一年で一八分進むわけです。

二〇歳が六時、四〇歳が正午、六〇歳が一八時となります。

これをもう少し細かく見ていくと、次のようになります。

一歳　〇時一八分
二歳　〇時三六分

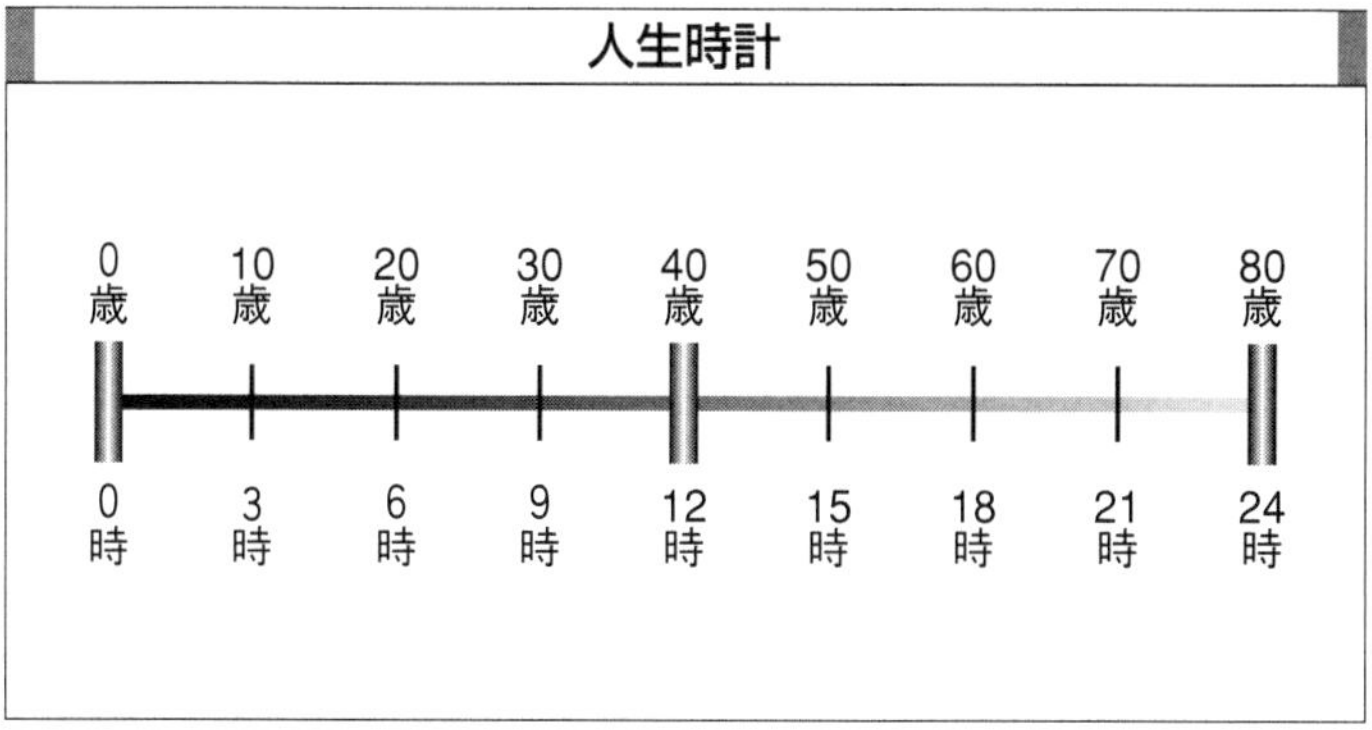

三歳　　　　　　○時五四分
四歳　　　　　　一時一二分
五歳　　　　　　一時三〇分
六歳　　　　　　一時四八分
七歳　小学一年生　二時〇六分
八歳　小学二年生　二時二四分
九歳　小学三年生　二時四二分
一〇歳　小学四年生　三時〇〇分
一一歳　小学五年生　三時一八分
一二歳　小学六年生　三時三六分
一三歳　中学一年生　三時五四分
一四歳　中学二年生　四時一二分
一五歳　中学三年生　四時三〇分

この人生時計を見ると、子どもたちの人生はまだ夜明け前だということが分かります。
七歳の小学一年生の子は、まだ、深夜の二時〇六分です。
六年生が三時三六分で、中学三年生が四時三〇分なのです。
毎日の生活で、こんなに早く起きる人は滅多にいないはずです。
つまり、子どもたちの人生は、まだ夜明け前の熟睡状態なのです。

今勉強ができないといって、その子の人生を決めつける必要はないのです。
今引っ込み思案で困るといっても、それが一体何ほどのことがあるでしょうか。
宿題をやらずに遊びに行ってしまう?
それがどうしたというのですか。

人生は長い

人生は長いのです。
子どものときに優秀で、いわゆるいい子だった子が、大人になって幸せになるとは限りません。

子どものときに親や先生に叱られてばかりいた子が、大人になり社会人になってから生き生きと活躍するという例は世間の至る所にあります。


私の知っている人を見ても、それは言えます。

ある男の子は、子どものころとてもだらしがなくて先生によく叱られていました。

その子の持ち物は教室のあちらこちらに落ちていましたし、上靴に至っては学校のあちらこちらに落ちていたほどです。


でも、その人は、今、技術者として立派に仕事をしています。

これをお読みのみなさんの身近なところにも、このような例は必ずあると思います。

そして、大人なら誰しも、このような例をいくつか知っているはずです。


でも、いざ自分の子どものこととなると、どうしてもこのような長い目で見ることができなくなってしまいます。

近視眼的になって、今の目の前にある問題がとても大きなものに見えてきてしまいます。

それがあたかも人生を決定づけてしまうくらいのものに見えてきてしまいます。でも、たいがいの子どもの問題はそれほど大したものではないのです。夜明け前の、熟睡状態のときに寝相が乱れているのと同じです。

寝相がひどいからといって、それが一体何ほどのことがあるでしょうか。私は、このことをみなさんによく心に留めておいてほしいと願います。そこで、私が作った短歌をみなさんに贈りたいと思います。この短歌をときどき心の中で唱えながら、人生時計を思い浮かべてみてください。

生《あ》れ出《い》でて吾子《あこ》は一期《いちご》の夢の中　寝相乱るるほどに愛《いと》しき

五　親が楽になれば、子どもは幸せになる

五つ目の視点として、親の心が楽になっていることがいかに大切か考えてみましょう。
言い換えれば、親の心が安定していることの大切さです。
そのためには、まず、親がストレスをためこまないことが必要です。

親のストレスは子どもにぶつけられる

私は、親や教師が感情的に子どもを叱ることの弊害について今まで何度も書いてきました。

それは、私自身の経験から身をもって知ったことであり、ぜひ、みなさんにも分かってもらいたいと強く願っているからです。

私は、自分自身を見つめることで、あることに気がつきました。

それは、自分が子どもを感情的に叱るとき、その多くの場合、自分の側に理由があるということです。


多くの場合、その子がしたことよりも、そのときの大人の心理的な状態によって感情的な爆発は引き起こされるのです。

何か大きな仕事を抱えているとき、するべきことが多くて時間に追われているとき、家庭内や職場の人間関係がうまくいっていないとき、などがそれに当たります。

大人がこのようなストレスを抱えているとき、その目の前に現われたほんの少しへまな子どもは、格好の標的です。

ですから、子育て中の親がストレスを抱え込むと、それは必ず子どもに向けられるのです。

哀れなるかな、無力なる者よ

汝の名前は子どもなり！

彼らは、いつもなら許されるようなことで突然の大目玉を食らいます。

そして、一体全体何が起こっているのか事の真相を理解する術《すべ》も暇もないまま、吹き荒れる台風の中でじっとうなだれるほかありません。

つい先ほどまで溢れるばかりのエネルギーで満たされ、体中で生きる喜びを表わしていたのに、今は、しおれかかった花のようです。

投げかけられる冷たい眼差しにおびえ、突き刺さる荒々しい言葉に傷つけられます。

親の感情的な爆発は、それまで積み上げてきた親子の絆《きずな》を一気に破壊します。

そして、子どもの心の中では、無意識のうちに親の愛情への疑いが密《ひそ》かに芽吹きます。

さらに、それは、自分の存在意義への疑いにもつながっていきます。

そして、それが日常的に繰り返される場合は、子どもの心に深刻な傷を残すことになります。

実に多くの人たちが、親からの仕打ちによって傷つき、大きなトラウマを抱えたまま生きています。

生涯にわたるトラウマが、まさに子どものときに負わせられているのです。

教育とかしつけなどといった名目で、日々多くの無力な子どもたちが傷つけられているのです。

親がストレスをためこまないことが、子育ての最優先課題の一つ

私は、このような例をいろいろ見てきました。

そして、次のような結論に至りました。

それは、親がストレスをためこまないことが子育ての最優先課題の一つだということです。

親がストレスを感じていたりイライラしたりしているときに、いい子育てができるはずがないのです。

親自身の心が安らかで穏やかなら、子育ては必ずうまくいきます。
親自身の心が安らかで穏やかなら、子どももそのように育つのです。
親が楽になれば、子どもは幸せになるのです。

ですから、私はみなさんに言いたいと思います。
どうか、ストレスをためこまないでください。
そして、決して一人で子育てを引き受けないでください。
できるだけ多くの援軍を持つようにしてください。

そして、仕事がきつすぎるという場合は、それをなんとかしてください。
仕事ももちろん大切でしょうが、今現在の子育てはもっと大切です。
私ははっきり言います。
あなたは、今現在の仕事がとても大切だと思っているかもしれません。
でも、本当は今現在の子育ての方がはるかに大切なのです。

それは、一〇年後か二〇年後に分かります。


もっと仕事の負担を軽くして、自分のストレスを減らしてください。

もっと仕事の負担を軽くして、子どもとたくさん触れ合ってください。

今までより、もっともっと子育てを大切にしてください。

それでないと、一〇年後か二〇年後にそのツケを払うことになるのです。

そのツケは、いつか必ず払うことになるのです。

ほかの誰でもない、親であるあなたが払うのです。


そして、私は、社会全体に言いたいと思います。

子どもを育てている親たちを、もっともっと支援してください。

今のままでは、子どもを育てている親たちへの支援が少なすぎです。

多くの親たちが、経済的にも時間的にも精神的にも肉体的にもギリギリの状態で子育てをしているのです。

そして、それらのストレスは、全部子どもに回っているのです。
イライラしている親に、いつも怒鳴られたり叩かれたりしている子もいます。
親の仕事の関係で、毎晩一人で眠らなければならない子もいます。
これで子どもの心が満たされるでしょうか？
これで子どもの心が荒れなかったら不思議です。

心を満たされないまま育った場合、その人はどうなるのでしょう？
被害妄想、自己否定、鬱《うつ》病などの精神障害になりやすいのです。
また、非行や犯罪などの反社会的な行動をする可能性も高くなります。
つまり、そのツケは、社会全体が払うことになるのです。
ほかの誰でもない、私たちみんなが払うことになるのです。

親自身がトラウマを持っていることが多い

私は、五つ目の視点として、「親の心が楽になっていることがいかに大切か考えてみましょう」と言いました。

そして、「そのためには、まず、親がストレスをためこまないことが必要」と言いました。


でも、中には、それだけでは解決できない問題を持っている人たちもいます。

例えば、親自身がその親から受けたトラウマを持っている場合です。

今度は、それについて考えてみましょう。


自分の子どもをどうかわいがっていいか分からない。

子どもがそもそもかわいく思えないし、鬱陶《うっとう》しいと感じてしまう。

ついつい子どもをきつく叱ったり叩いたりしてしまう。


頭では分かっているのに、いざとなると自分をとめられなくなってしまう。

このような場合、その多くは、自分自身が親から受けたトラウマによって引き起こされているのです。

それを放っておくと、だんだんエスカレートしていき、子どもの虐待にまで進む可能性もあります。

本人が気付いていなくても、その原因の多くは自分が育ってきた過程にあるのです。『アダルト・チルドレンと癒《いや》し――本当の自分を取りもどす』や『機能不全家族』などを書かれた西尾和美氏によると、日本人の親の実に八〇パーセントがこのような何らかのトラウマを持ちながら子育てをしているそうです。

親自身のトラウマを癒しながら子育てしていこう

このような場合は、親自身が心の健康を取り戻していくことが必要になります。

まずは、先ほどの二冊の本や斎藤学氏の『アダルト・チルドレンと家族――心のなかの子どもを癒す』などを読むことから始めてみたらいいと思います。

少しでも心当たりがある人は、ぜひ読んでみてください。

そして、心当たりがない人も読んでみるといいと思います。

というのも、ただ自分が気づいていないだけで、実は大いに当てはまっているということもあり得るからです。


そして、場合によってはカウンセラーや心理療法士や心療内科医や精神科医などの専門家に相談したり治療を受けたりすることが必要になってくるかもしれません。

私は、どんどん気軽に行くといいと思います。

一人で抱え込んで悩んでいても仕方がないではありませんか。

しかも、大切なわが子にも大きな影響を与えてしまうのです。


体の病気やけがのときに、専門の医者に行くのと同じです。

心の問題のときにも、専門の医者に行けばいいのです。

体の病気やけがのときに、医者に行かずに直すのは至難の業《わざ》です。

心の問題のときにも、まったく同じです。

専門家には専門家の知識や技術や経験がありますから、あなたの大きな手助けになるはずです。

専門家のカウンセリングや治療を受けながら、自分のトラウマを癒しながら子育てしていけばいいのです。

そうすれば、子育ての期間が自分の癒しと成長の期間にもなるのです。


私も若いころノイローゼになって、精神科医に行ったことがあります。

行く前は、少し抵抗がありましたが、行ってみればどうということはありませんでした。

そして、行ったことは私にとって大きなプラスになりました。

今でも、あのときに行ってよかったと思っています。


今は、以前より心の専門家にかかる人がはるかに増えていますから、抵抗感は薄らいでいると思います。

そして、これからは、もっともっと、気軽に行けるようになるはずです。

また、そうしていかなければならないはずです。

でも、今のところ、何となく二の足を踏んでいる人がいると思います。

私は、そういう人に言いたいと思います。
本当に気軽に行っていいんですよ。

長い間あなたが一人で抱え込んでいた荷物を、そろそろ下ろしてください。
心を軽くして、明るく楽しく子育てしてください。
あなたとあなたの子どものために、一つの決断をしてください。

第三章

いい話が、子どもの心を成長させる

第二章で、私は、話の仕方として「子どもを引きつける話し方をすること」と「趣旨や理由を正しく子どもに教えること」の二つが大切だと言いました。

そして、次のようにも言いました。

「子どもを引きつける一つの方法として、次のように自分の体験を入れながら話します。
目の前にいる話し手の実際の体験は、聞き手の興味を大いにそそることができるからです」

そこで、この第三章では、そのような話し方の実例をいくつか挙げてみたいと思います。
これらを参考に、ぜひ、子どもの心に訴える話をしてやってください。
いい話が子どもの心を動かし、子どもを大きく変えることもあります。

ここにある話をそのまま使ってもいいと思います。
少しアレンジして話してみてもいいと思います。
あなたが、自分の体験を元に話してやれば、それが一番いいと思います。

そして、特に大切なことについては、親自身の魂を賭けた語りかけをしてやってください。

一　人間関係についての話

友達にやさしく、親切にしよう

お父さんが子どものころ、友達に○○君という子がいたんだけど、その子はとっても優しくて親切だったんだよ。

たとえば、授業中に机から筆箱を落としたことがあるんだけど、すぐに拾うのを手伝ってくれたんだよ。

そのときは、隣の隣の席だったんだけど、パッとやってきてサッと手伝ってくれたんだよ。

その子はお父さんだけに親切というわけではなくて、誰に対してもそうだったんだよ。

隣の子が教科書を忘れて困っていると、頼まれなくても机と机の真ん中に教科書をおいて見せてくれるとか。

本係の子がたくさんの本を図書室から運んでくるときに、半分持ってやったりとか。


席替えで机と椅子を移動するときには、体が小さい子は大変なので、○○君はいつもそういう子を手伝ってやっていたな～。

それとか、いつも帰りのカバンの仕度が遅くて先生に叱られる子がいたんだけど、○○君がよく手伝っていたよ。

□□のクラスにはそういう子いる？
「う～ん……△△君かな。いつも親切だよ」

どう？　そういう子はみんなに好かれているでしょ？

「うん。ぼくも△△君が好きだよ」

□□もやさしいから、けっこう普通にやっているんじゃないの？　だって、この前、弟の○○に勉強教えてやったりお菓子を分けてやったりしていたじゃないの。

「あ～、そうだったかも……」

これからも、どんどんやるといいと思うよ。

困っている人のところにパッと行ってサッと手伝ってやるなんて、正義の味方の勇士みたいでかっこいいと思うな。

休み時間に遊ぶ相手がいなくてポツンとしている子がいたら、パッと行って誘ってやるとか。

勉強で分からなくて困っている子がいたら、パッと行ってやさしく教えてやるとか。

けがをした子がいたら、パッと行って助けてやるとか。

いじめを見つけたら、助けてやろう

お母さんが子どものころ、クラスで、ある女の子がいじめられていてね。

その子は、男の子からも女の子からもいじめられていたんだよ。

たとえば、その子が近づいてくると逃げてしまったり、その子のいるところには近づかないようにしたりとかね。

隣の席になると、自分の机をその子の机とくっつけるのを嫌がって、少し離しておいたりとかね。

それとか、掃除のときにその子の机だけ運ばないとか。

その子の靴を隠したりとか。

そういうことをされる度に、その子はとても悲しそうな顔をするのよ。

でも、お母さんも勇気がなかったので、みんなに「いじめはやめよう」って言えなかったのよ。

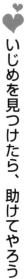

それでね、あるとき、その子が靴箱の隅で泣いているのを見つけたの。

「どうしたの？」と聞いてみても、シクシク泣いているばかりで、なかなか言ってくれなかったの。

でも、また靴を隠されたんだなって、お母さんにはピンときたの。

そのとき、急に、お母さんは、その子のことがすごくかわいそうになったのよ。

「なんでこの子ばかりいじめられなくちゃいけないの？　この子がいったい何をしたっていうの？　こんなの、ひどすぎる！」

そうお母さんは思ったの。

今まで、見ない振りをしていた自分も、いじめてるのと同じだったなって気がついたのよ。

それで、お母さんは、仲良しの子を二人呼んできて、四人で靴を探したのよ。

そしたら、外のごみ箱の中に入れてあったの。

ごみと一緒になって、その靴はとても汚れてしまっていたわ。

それで、もうお母さんは、本当にかわいそうになって、この子と友達になって守ってやろうと心に決めたの。

それから、お母さんは、休み時間になると、その子も誘って四人で遊ぶようにしたのよ。

そうしたら、だんだん、その子はいじめられなくなっていったの。

もっと早くこうしていればよかったと思ったわ。

ときどきその子に変なことを言ってくる子がいたら、お母さんたちがやっつけてやったわ。

先生に言いつけてやったこともあるわ。

○○ちゃんのクラスには、いじめられたり無視されたりしている子いない？

心が広くて勇気のある人は、自分からあやまれる

この前お父さんは、会社の廊下の角で二〇代の人と五〇代の人がぶつかるのを見たよ。

二人とも急いでいたので、かなり強くぶつかってしまってね。

それで、二人ともしばらく起きあがれなかったんだよ。

それで、お父さんが起きあがるのを手伝ってやったんだよ。


二人とも「イタタタ……」と言ってるから、お父さんは心配になってきたんだよ。

「あ〜、大丈夫かな、けんかにならないかな」ってね。

それで、どうなったと思う？

「けんかになったの？」

さあ、どうなったでしょう！


お父さんがけんかになったら困るなと思い始めたころ、若い方の人が「すみませんでした。大丈夫ですか？」と言ったんだよ。

さあ、ここで問題です。

それを聞いて、もう一人の五〇代の人は、なんと言ったでしょうか？

「あぶないじゃないか、気をつけろ！　かな？」

残念でした。「こちらこそ、すみませんでした」と言ったんだよ。

それで、お父さんは「これでけんかにならなくてすむな」と思って、ホッとしたんだよ。

それから、五〇代の人が持っていた書類がバラバラに散らばっていたので、三人で仲良く拾ったんだよ。


ところで、この二人のうち特に立派なのはどちらでしょうか？

「え～と、五〇代の人？　書類がバラバラになってしまったのに許してやったから」


ざ～んね～ん！　お父さんはそうは思わないよ。

先にあやまった人の方が立派だと思うよ。

なぜかといえば、角でぶつかったのは、お互いにいけないんだからね。

こういうときは、自分の方から謝れる人が勇気のある人だよ。


相手が謝ったら謝ってやろうなどというのは、心が狭い人の考え方だと思うよ。

お互いにそう思っていたら、永久に心が打ち解けることはないんだからね。

けんかのときも、これと同じだよ。

だいたい、けんかなんてのは、お互いにいけないところがあるんだからね。

相手のせいにしているばかりでは、永久に仲直りはできないんだよ。

心が広くて勇気のある人は、自分からあやまれるんだよ。

自分勝手でわがままな子といても楽しくない

お父さんが中学校に入学したときね、その初めての日に、すごくかっこいい男子と知り合ったんだよ。

ジャニーズに入ってもいいくらいかっこいい奴でね。

同じ男子から見ても、顔がよくてスタイルもよくて、とにかくかっこいいんだよ。

もう、最初の日から、周りの女子がキャーキャー言ってたくらいだよ。

それで、最初の授業が数学で、先生が「みなさんの学力を知りたいので」とか言って、いきなりテストだったんだよ。

そのテストの結果、その子が一番成績がよくてね。


それで、次の日に体育があってね。

ドッジボールをやったんだけど、これまた、その子はすごくうまくてね。

顔がかっこよくて、勉強もできて体育もできるのかという感じだったよ。


それで、次の日に音楽があってね。

先生が「みなさん、何か楽器が弾《ひ》ける人はいますか」とか言って、弾ける人に弾かせたんだよ。

そうしたら、その子はピアノがすごくうまくてね。

またまた、みんなびっくりしちゃったんだよ。


もう、その子はスターみたいになってね。

休み時間なんかには、男子も女子もその子の周りに集まっていたくらいだよ。

でもね、一カ月くらいすると、その子のところに来る人がほとんどいなくなったんだよ。

さて、ここで問題です。

それはなぜでしょうか？

三回答えていいよ。


それはね、こういうことだったんだよ。

例えば、サッカーのシュートごっこをするとき、ジャンケンで順番を決めるでしょ。

その子は、自分が負けて順番が後になったりすると、「もう一度ジャンケンやり直そう」って言うんだよ。


他にも、何かして遊んでいるとき、自分が負けてきたりすると勝手にルールを変えちゃうんだよ。

自分に都合のいいルールにね。

それとか、帰りの係の仕事を他の人にやらせて、どんどん帰ってしまったりね。

つまり、その子はものすごく自分勝手でわがままだったんだよ。

最初は分からなかったんだけど、毎日一緒に生活しているうちに、だんだんみんなそれに気がついてきてね。


いくら顔がよくてかっこよくて勉強も運動も音楽もできる子でも、自分勝手でわがままでは困るよね。

そういう子とは、一緒にいても楽しくないからね。

言われてうれしい言葉は、人にも言おう

毎朝、お母さんがご飯をよそうと、○○君が「ありがとう」と言ってくれるね。

お母さんはね、それがとてもうれしいの。

「『ありがとう』と言ってくれて、ありがとう」と言いたいくらいよ。

「ありがとう」っていい言葉だよね。

言われるたびにうれしくなるわ。

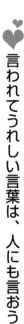

○○君は、言われてうれしいのはどんな言葉かな？
「『すごいね』とか『さすが』とかって言われると、やったねって思うよ」

そう言って褒められるとうれしいよね。


お母さんは、子どものころピアノをやっていて、「がんばってるね」とか「上手になったね」と言われるのが本当にうれしかったなあ。

それと、一輪車で転んでけがをしたとき、みんなが「大丈夫？」って心配してくれたのもうれしかったなあ。


そう、そう、○○君は休み時間に一緒に遊ぶ人がいなくて困ったことはない？

「たまにあるよ」

そういうとき、なんて言ってもらうとうれしいかな？

「誰かが『遊ぼう』って言ってくれるとうれしいな」

そうだよね。誰かそう言ってくれた人はいるかな？

「□□君が言ってくれて、一緒に遊んだんだよ」

そうなんだ、□□君はやさしいんだね。

じゃあ、今度誰かが遊ぶ人いなくてさみしそうなときは、○○君も言ってやれるといいね。


お母さんも、これから、○○君を見習って「ありがとう」と言えるようにするね。

お父さんにも、もっと「ありがとう」を言ってあげなくちゃね。

「いつもお仕事ご苦労様。ありがとう」がいいかな。

自分が言われて嫌な言葉は、言わない

○○君が言われて嫌な言葉は、どんな言葉かな？
「バカとか、クソとか、アホとかって言われると、すごく嫌」

そうだよね。

じゃあ、□□君は？

「関係ないとか、むかつくとか、うるせえなんて言われると、むかつくよ」

えっ？

「あっ、しまった」


オヤ、オヤ……言っちゃったね。

これも、すごく嫌な言葉だよね。

こういうことを自分が言われると、どんな気持ちになる？

「もう、すごく嫌な気持ちになる。そんなこと言わないでよ、まったくって感じ」

「ぼくなんか、同じことを言い返したくなる」


お父さんは、子供のころ、眼鏡をかけていたんだよ。

それで「メガネザル」と言われて、すご～く嫌だったよ。

それと、体が小さかったから「ちびメガネザル」と言われて、泣きたいくらい悲しかったのを覚えているよ。

体のこととか、自分でどうしようもないことを言われるのは、誰にとってもとても嫌なことなんだよ。

君たちもそういうこと言われたことある？

「ぼくなんか、デブと言われて悔しくて悔しくて……」

それは悔しいよね。

それでね、これが大切なことなんだけど、自分が言われたときの嫌な気持ちを忘れないでいてほしいんだよ。

こういうことを言われると嫌な気持ちになるんだなって、心に刻み込んでおいてほしいんだよ。

そうすると、自分がそういうことを言いそうになったときに、それを思い出せるんだよ。

あっ、今これを言ったら相手は嫌な気持ちになるだろうなってことが、だんだん分かるようになるんだよ。

これが相手の気持ちに思いをやること、つまり「思いやり」なんだよ。

言ってしまってからしまったと思っても、遅いよね。言う前に気がつける人が本当に賢《かしこ》い人なんだよ。

朝の明るいあいさつで元気になろう

お母さんの会社に今年入った○○さんという人は、毎朝とても気持ちのいいあいさつをしてくれるのよ。

朝会社に来ると、会う人みんなに「おはようございます」と、にこにこしながら明るくあいさつしてくれるの。

お母さんは、朝あまり元気が出ないんだけど、○○さんに「おはようございます」と言われて「おはようございます」とお返しすると、少し元気が出てくるの。

○○さんが会社に入ってから、会社が明るくなったみたいに感じるほどなのよ。

だから、○○さんはまだ会社に入ったばかりなのに、もうみんなに好かれているのよ。

それでね、○○さんみたいにあいさつが上手な人のことを「あいさつ美人」というのよ。

男なら、「あいさつイケメン」かな？（笑）

それで、お母さんも「あいさつ美人」になろうと決めたの。

三日前から、○○さんをまねして、できるだけ多くの人に「おはようございます」と言うようにしたの。

三日前は三人、二日前は五人で、きのうは八人にあいさつできたわ。

毎朝一〇人を目標にしようかなって、思っているのよ。


それとね、あいさつしてると、一人目より二人目、二人目より三人目というように、だんだん自分の元気が出てくるのが分かるのよ。

それに、お母さんがあいさつすると、された人も元気が出てくるみたいなの。

それまで元気がなくて下を見て歩いていたのに、お母さんにあいさつを返してからはちゃんと前を見て歩いて行くのよ。

それとね、去年から会社にいる人であまり今までお話したことのなかった人がいるんだけどね。

お母さんから、このごろあいさつし始めたら、その人もどんどんあいさつしてくれるようになってきたのよ。

それで、きのうは、一緒にお昼を食べたのよ。

こっちからあいさつしていると、お友達が増えるんだね。

□□ちゃんのクラスには、○○さんみたいな子はいる？
「ううん……いないと思うよ」

じゃあ、□□ちゃんもチャレンジしてみたらどうかな？
□□ちゃんならできると思うよ。

二　生活習慣についての話

早起きはいいことがいっぱい

人間の脳は、朝起きてから二時間くらいするとやっと全開になって、脳全体が活発に働くようになるんだって。

それまでは、あまりよく働いていないところや、ボーっとしているところがあるんだって。

○○君も、朝ご飯食べながらボーっとしていることがあるよね。

ところで、学校が始まるのは何時だったかな?

そうだね、八時からだよね。

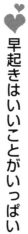

その八時には脳が全開になっていないと、困るよね。

では、八時に全開になるためには何時に起きればいいのかな?
そうだね、二時間前だから六時だよね。
毎朝六時に起きれば、八時には脳が全開になって、勉強にも集中できるね。

それに、早起きすれば、きちんと朝ご飯が食べられるね。
これも脳の働きをよくするのにとても大切なのよ。
朝たっぷり栄養を取っておくと、脳が元気いっぱい働けるからね。
朝ご飯抜きで学校に行くと、勉強も運動も力一杯できないわよ。
休み時間にだって、友達と元気に遊ぶことができないでしょ。

それに、時間に余裕があると、朝ご飯の後、トイレに行ってしっかりウンチをすることもできるよね。
これも、一日をさわやかに過ごすためにはとても大切なことなのよ。

早起きして朝日をたっぷり浴びながら、新鮮な空気を胸一杯に吸うのも気持ちがいいよね。

お花に水をやったり、玄関掃除をしたり、軽い体操や運動をしたりすることもできるよね。

こういうことが朝からできると、気分がよくて一日中楽しく過ごせるでしょ。


つまり、早起きはいいことがたくさんあるのよ。

だから、昔から「早起きは三文《さんもん》の得《とく》」と言われているのよ。


もう一つ、早起きのいいところは、時間に余裕があるので、気持ちにも余裕が出ることだよね。

学校にも余裕を持って行けるでしょ。

朝から時間に追われてあたふたしていると、ろくなことはないからね。

忘れ物をしたり、途中で転んだりすることもあるかもよ。

それに慌てて走ったりしていて交通事故にでも遭ったら、本当にこわいでしょ。

だから、早寝早起きがんばろうね。

そのためには、まず早寝が大切よ。

早く寝なくては、朝早く起きられないからね。

毎日決めた時刻を守って早寝しようね。

朝食をしっかり食べると、勉強も運動もできるようになる

お母さんはね、子供のころ一度だけ朝寝坊して朝食を食べないで学校に行ったことがあるの。

そうしたらね、二時間目が始まるころには、もうお腹が空《す》いてたまらなかったわ。

授業中も給食のことばかり考えていたのよ。

「今日はコロッケだったな。早く食べたいな。お休みの子が二人いるから、ジャンケンに勝ってコロッケもう一つ食べられるといいな。よ〜し、絶対に勝つぞ！」

なんてことばかり考えていたの。

それで、ぼんやりしていたら、先生に突然指されてね。

「はい、コロッケです」と言いそうになってしまったのよ。（笑）

三時間目になると、もっとお腹が空いてきて、ますます勉強なんか全然頭に入らなかったわね。

それで、先生に勉強に集中しなさいって叱られてしまったの。

四時間目は大好きな水泳だったんだけど、フラフラしてしまって泳ぐどころじゃなかったわね。

少しはお腹の足しになるかと思ってプールの水を飲んでみたら、吐きそうになってしまったわ。（笑）

やっと給食になったときは、ばくばく食べちゃったわ。

ジャンケンに勝って余ったコロッケを手に入れたときは、うれしかったわ。

でも、その日は、午前中全くムダにしたわね。

というわけで、〇〇君には、毎日ちゃんと朝食を食べて学校に行ってもらいたいわけ。


ここからは少し難しいから、よく聞いてね。

まず、脳を動かすエネルギーになるのが、ご飯とかの糖質（炭水化物）よ。

これは脳を動かすガソリンだから、足りないと脳がエンストしてしまうのよ。

これだと、勉強どころではないわよね。


それから、脳を成長させるのが、お豆腐とか納豆とかのタンパク質よ。

子供の脳は毎日成長しているから、いいタンパク質をたっぷり取る必要があるのよ。

毎日いいタンパク質をたっぷり取っていると、どんどん脳が成長して、どんどん頭がよくなるのよ。

この他にも、脂質とか、ビタミン、ミネラル、食物繊維とかも、バランスよく取ることが大切なの。

朝食を毎日しっかり取っていると、勉強も運動もできるようになるのよ。

それに、休み時間に友達と元気に遊ぶこともできるでしょ。

みんなで楽しく食べるための食事のマナー

昔から「食事のマナーを見れば、その人の人間性が分かる」と言われてるのよ。

「へえ～、どういうこと？」

人間はね、おいしい物を食べるのが大好きでうれしいものだから、食事のときについ気が緩んでしまうの。

それで、外で人と食事をするときにも、家で食べているときの食べ方がつい出てしまうのよ。

だから、家でも普段からマナーを守って食べるようにすることが大切なのよ。

食事のマナーの基本は、みんなで楽しく食べられるようにするということよ。
そのために、いろいろなマナーがあるわけ。

例えば、他の人の食べる音や噛《か》む音がクチャクチャ聞こえてきたらどう？
嫌でしょ？

ところが、こういう人が意外と多いのよ。
それに、そういう人は、自分ではなかなか気がつかないものなの。

それと、口の中に食べ物を入れたまましゃべるのもマナー違反ね。
周りの人はいい気がしないものよ。

それと、姿勢も大切ね。
よくテーブルに肘《ひじ》をついて食べている人がいるけど、あれはやめた方がいいわね。
なんとなく威張っているように見えるからね。

あと、「犬食い」といって、必要以上に体を前にかがませて食べる人がいるよね。

あれはだらしなく見えてしまうから、気をつけてね。


立ったまま食べたり、食べながらで歩いたりなんてのもやめてね。

自分が食べ終わったからといって出歩くのもね。

一緒に食べている人が落ち着かなくなるからね。


いろいろと気をつけることはあるけど、基本はみんなで楽しく食べるということよ。

だから、マナーを守りながらも、周りの人とのおしゃべりも楽しんでほしいわけ。

楽しいおしゃべりをしながら一緒に食事をした人とは、とても仲良くなれるものなのよ。


最後に一つ、作ってくれた人や材料になってくれたいろいろな命に、ありがとうの気持ちを忘れないでね。

そのためにも、よ〜く味わいながら食べようね。

歯をしっかり磨いて虫歯を防ごう

お父さんが二年生のとき海に遠足に行ったんだけど、そこで虫歯が痛くなってね。

歩いているときは痛くなかったんだけど、海に着いたころから痛くなってきてね。

みんなは砂のお城を作って楽しそうに遊んでいたんだけど、お父さんはそれどころではなくてね。


先生に言ったんだけど、どうしようもなくてね。

お弁当もおいしくも何ともなくて、ひたすら痛いのを我慢していたんだよ。

せっかくの遠足だったけど、全然楽しくなかったんだよ。

○○も歯が痛くなったことあるでしょ？　どうだった？
「痛くて痛くてたまらなかった」

そうだよね。

本当に歯が痛いのは辛《つら》いよね。

ところで、歯の中はどうなってるか知ってる？

歯はこの図のように三つの層からできているんだよ。

歯の表面は一番硬いエナメル質で、その下が少し柔らかい象牙《ぞうげ》質で、その下に神経があるんだよ。

歯の構造

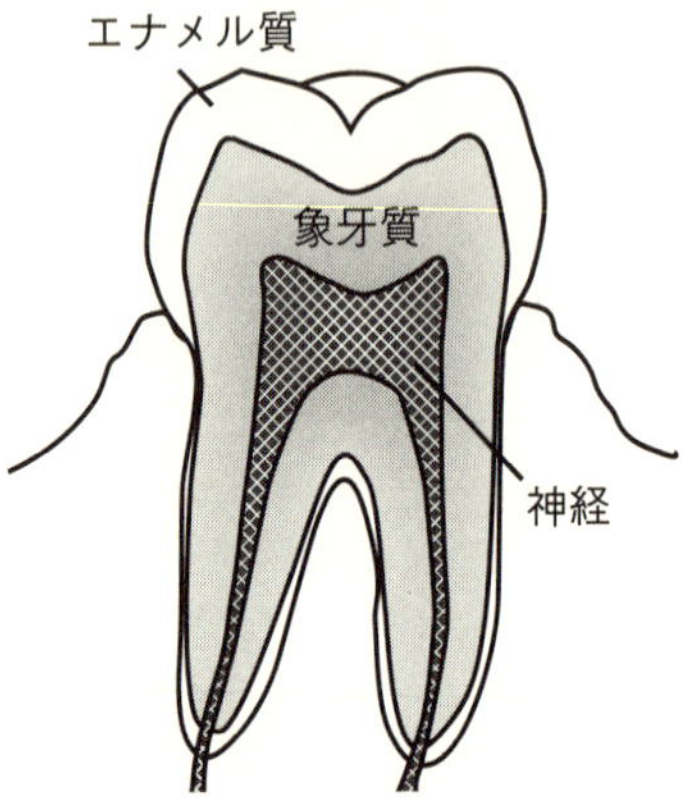

虫歯はこのエナメル質から始まって、だんだん象牙質にも広がっていくんだよ。

そして、それが神経に届くと、どうなるのかな？

「痛くなる！」

その通りだね。

ところで、象牙質はエナメル質より虫歯になりやすいんだよ。

だから、虫歯にならないためには、エナメル質のところで防ぐほかないんだよ。

では、なぜ、こんなに硬いエナメル質が虫歯になるのかな？

それはね、何か食べた後に食べかすが歯についていると、虫歯菌がそれを材料にして歯を溶かす酸というものを作るんだよ。

虫歯菌はいつも人間の口の中にいて、材料が歯にくっつくのを待っているんだよ。

食事をして歯を磨かないでいると、食べかすがそのままずっと歯についたままになってしまうね。

そうすると、虫歯菌が一生懸命に酸を作り始めるというわけだよ。

だから、一日一回磨けばいいというわけではなくて、食事の度に磨く必要があるんだよ。

それと、当然、食事が終わったらできるだけ早く歯を磨いた方がいいんだよ。

それに、歯を磨くと歯がつるつるになって気持ちがいいよね。

歯がきれいだと、見た目もすっきりさわやかになるよ。

歯に食べかすがついていたら恥ずかしいよね。

しっかりウンチをしよう

お父さんが子どものころのことなんだけどね、ある日、学校から帰ってくるときに、急にお腹が痛くなってね。

痛くて痛くてたまらなくてね。

それでどうしたと思う？

「コンビニでトイレを借りた？」


残念でした。

そのころはまだコンビニなんかなかったんだよ。

お父さんの帰り道は、ずっと田んぼと工場ばかりだったんだよ。

それで、お腹が痛くてしょうがないから工場に入っていって、「トイレを貸してください」と頼んだんだよ。

恥ずかしかったけどね。

痛くて痛くて、それどころではなかったからね。

トイレを借りてウンチが出たら、すぐにお腹の痛いのが直ったんだよ。

○○君は、こういうことなかった？
「授業中にお腹が痛くなって困ったことがあるよ」

それは困るよね。

授業中ならまだいいけど、社会見学や遠足の途中だったりすると本当に困るよね。


ところで、便秘でウンチが出ないと、ほかにも困ることがあるんだよ。

昔から、便秘は万病の元と言われているんだよ。

体全体が弱くなってすぐ疲れてしまったり、頭が痛くなったり、肌が荒れてきたり、夜眠れなくなったりすることもあるんだよ。

それと、体が歳を取りやすくなるというのもあるよ。

体のことだけでなく、気持ちの面でも、元気がなくなったり、イライラしたり、怒りやすくなったりするんだよ。

では、なぜそうなるか説明するよ。

人間は食べた物を胃で消化して、栄養を腸で吸い取って、血液の中に入れて、体全体に届けるんだよ。

だけど、腸の中にいつまでもウンチが詰まっていると、どうなると思う?

ウンチの中に入っている体にとってよくない物まで、吸い取ってしまうんだよ。

そして、それが体全体に届けられてしまうんだよ。

だから、毎日必ずトイレに行って、ウンチを出すことが大切なんだよ。

毎日ウンチをしっかり出していると、体も心も頭も元気になっていくんだよ。

自分の仕事をがんばろう

お父さんが会社でどんな仕事してるか知ってる?

「え～とね、薬を作る機械がうまく動くようにする仕事」

その仕事をする人がいないとどうなる？

「工場の機械が止まってしまって、薬が作れなくなる」

では、お父さんが会社に行かないで遊んでると、この家はどうなるの？

「え～っ、そうなったら、給料がもらえないから暮らしていけない。食べ物も買えないし、テレビも見られないし、お風呂にも入れなくなる」

では、お父さんは家ではどんな仕事をしてるか知ってる？

「ゴミ出しと、空き缶つぶしと、蛍光灯の取り替えかな」

お母さんは、家でどんな仕事をしてる？

「子どもの面倒を見て、朝ご飯を作って、お掃除をして、お風呂を洗って、洗濯して干して取り入れてたたんで、買い物に行って、また夕飯を作って、お茶碗洗って片づけて……

とか、いろいろ」

おばあちゃんは？

「孫の面倒を見て、靴を磨いて、玄関のお掃除をして、障子の張り替えをして、ストーブの灯油を入れて……」

おじいちゃんは？

「畑の野菜を育ててる。それから、庭を掃いて、犬の散歩をして、餌をやって……」

どう？　みんながんばってるよね。なぜ、みんながんばってるのかな？

「家族が楽しく暮らせるようにするため」

そうだね。

一緒に生活している家族が楽しく暮らせるために、がんばっているんだよね。

ところで、○○君も、もうすぐ○年生だね。

大人にまた一歩近付くわけだけど、どうかな、自分にできそうな仕事はあるかな？

何か一つがんばってみない？

「ようし、これからお風呂の掃除をがんばるぞ」

自分の仕事をがんばろう　二

お母さんは、幼稚園に入園したときから、新聞取りのお手伝いを始めたのよ。

それはね、毎朝、新聞受けに入っている新聞を取ってきて、テーブルの上におくだけなんだけどね。

だんだん慣れてきたら、新聞と一緒に牛乳も持ってくるようにしたのよ。

ときどき忘れると、お母さんのお父さんが「あ〜、早く新聞読んで、牛乳が飲みたいな〜」と言って催促したのよ。

起きるのが遅くなって慌ててやって、牛乳を落として割ってしまったこともあるわ。

一年生になったときから、玄関をほうきで掃く仕事を始めたのよ。

一生懸命に掃いてきれいになるとうれしかったわ。

でも、せっかくきれいにしたところに、お母さんの弟がどろんこだらけの靴で入ってきたときは、頭に来てしまったわ。

ほうきで叩いてけんかになってしまったこともあるのよ。


二年生のときから、お風呂掃除を始めたのよ。

お風呂を洗うと、つるつるのぴかぴかになって気持ちよかったわ。

それに、夜お風呂に入るとき、「○○の洗ったお風呂は気持ちがいいな」とみんな言ってくれたの。

特に、お母さんのおばあちゃんがすごく褒めてくれたの。

それがうれしかったのよ。


でも、夏はよかったんだけど、だんだん秋から冬になってくると、冷たくて冷たくてたまらなくなってきたのよ。

それで、だんだん洗い方が雑になってきてね。

そうすると、夜お風呂に入ってバスタブに背中をつけると、そこがざらざらするのよね。

それで、お母さんのおばあちゃんが手伝ってくれるようになったのよ。

「冬の間はさすがに冷たくて大変だから、手伝うよ」と言ってくれてね。

それで、しばらく一緒に洗っていたの。

でも、おばあちゃんはお年寄りだから、お風呂洗いをすると腰が痛くなるということが分かったのよ。


それで、大好きなおばあちゃんに苦労させたくないと思って、また一人でやるようにしたの。

私ががんばれば、おばあちゃんは腰が痛くならなくて済むんだと思って、がんばったのよ。

だって、おばあちゃんはいつもやさしくて、大好きだったんだもの。

後かたづけができるのは人間だけ

お母さんが子供のころ、家で猫を飼っていたんだよ。

その猫はなかなか賢くてね。

冬は家の中で一番暖かいところにいつもいて、夏は一番涼しいところにいたんだよ。

いつも一番いい場所がどこか、よく知っていたんだね。

一番温かい部屋の障子が閉まっていると、自分の前足で障子を開けて入ってくることもできたよ。

試しに障子が開かないようにつっかえ棒をしておいたら、その棒をどかして入ってきたよ。

これにはびっくりしたね。

でも、そんなに賢い猫だったけど、困ったことがあってね。

なんだと思う？

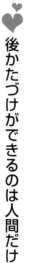

「う～ん……分からない」


それはね、入った後の障子を閉めないということだよ。入った後、その障子が開けっ放しだと風が入ってきて寒いでしょ。だから、お母さんは入ってきた猫を捕まえて、その障子のところに連れて行って前足で障子を閉めることを教えてやったの。

それで、その猫は障子を閉めることができるようになったでしょうか？

「う～ん……できるようになった！」


残念でした。

とうとう、できるようにならなかったが正解です。

障子を開けて入ってくるたびに、教えてやったけど、絶対に閉められるようにならなかったのよ。


それを見て、お母さんは、思ったの。

猫は、自分がそこに入りたいという目的があるから障子を開けることができるようになるんだけど、その後のことまでは考えられないんだなって。

後のことまで考えて行動できるのは、人間だけなんじゃないかなって。


ある日、猫に餌をやり忘れたことがあってね。

そのとき、家が留守で誰もいなかったので、自分でキャットフードの袋を破いて餌を食べていたんだよ。

でも、食べた後、床にキャットフードと破いた袋が散らかっていてね。

すごかったんだよ。


やっぱり、猫は後かたづけができないんだなって思ったよ。

そして、私はいつもしっかり後かたづけしようって、そのとき思ったんだよ。

だって、私は人間なんだもの。

後かたづけができるということは、人間の証拠なんじゃないかな。

三　その他のいろいろな話

正直に言えば気持ちがすっきりする

今日は、お父さんが子供のころ、嘘をついてしまった話をするよ。

ある日、うんちをしようと思ってトイレに入ったとき、ズボンの中に何か入っていたんだよ。

出してみると、クレヨンでね。

トイレで座っていて退屈だったので、壁にちょっと魚の絵を描いてみたんだ。

そうしたら、うまく描けたのでうれしくなってきてね。

それで、もう一つ描いてみたんだ。

うんちをし終わったころ、友達が遊びに来て、急いでトイレから出たんだよ。

後でその絵を消そうと思っていたんだけど、遊んでいるうちに忘れてしまってね。

その後、お母さんが買い物から帰ってきて、トイレに入ったんだよ。

それで、その絵が見つかってしまってね。

「誰、こんなところに絵を描いたのは?」と、すごく怒り出したんだよ。


トイレから出てきて、「次郎でしょ、こんな絵を描いたのは!」と言って、お父さんの弟を叱りだしたんだよ。

弟は「僕じゃないよ」と言ってたんだけど、お母さんは信じなくてね。

「きれいに消えるまで消しなさい。消すまでご飯は食べさせないよ」と、弟は叱られたんだよ。


お父さんは、「描いたのは僕だよ」と言おうとしたんだけど、怖くて言えなかったんだよ。

それで、弟は、泣きながら消しゴムで消したり雑巾《ぞうきん》でこすったりしていたんだよ。

お父さんは、ご飯を食べていたんだけど、全然おいしくなくてね。


やっと弟が消し終わって、ご飯を食べ始めたんだけど、それでも言えなくてね。

だんだん気持ちが暗くなってきてね。

弟もご飯を食べ終わって、みんなでテレビのお笑いを見始めたんだけど、お父さんは全然笑えなくてね。

お風呂に入ってもすっきりしなくて、その後布団に入っても全然寝られなくてね。


朝になっても、ご飯を食べる気にもならなくて学校に行っても、何も楽しくなくて。

ますます気持ちが暗くなってきて。

家に帰ってきたときは、もう耐えられなくてね。

それで、やっとお母さんと弟に本当のことを言って謝ったんだよ。

お母さんに叱られて、弟に許してもらって、やっと気持ちがすっきりしたんだよ。

継続は力なり

今から問題を出すよ。
太郎君は、計算問題を一日一〇問ずつ一カ月やりました。
花子さんは、最後の日にまとめて三〇〇問やりました。
テストをしたら、どちらの方が成績がよかったでしょうか？

はい、そうです。正解は太郎君です。
ところで、まとめて三〇〇問なんてどう？
できそう？
とても一日では無理だよね。

でも、一日にたったの一〇問ならどう？
これなら楽々できるよね。
一日に一〇問でも、三〇日やれば三〇〇問だからね！

その分だけ確実に実力がついてるんだよ。
後で慌ててやる人がいても、とても追いつかないんだよね。

昔から言われている「継続は力なり」ということわざの通りなんだよ。
継続というのは続けることで、何事も続けていると力がつくという意味なんだよ。

これは勉強のときだけではなくて、なんでもそうなんだよ。
サッカーがうまくなりたい人はリフティングをやるよね。
これを一日一〇分ずつ、毎日やり続けてごらん。
一カ月後にはぐ～んとうまくなっているから。
三カ月やり続けられたら、ものすごくうまくなるよ。
半年とか一年続けられたら、チームで一番うまくなるのも夢ではないよ。
野球なら、キャッチボール一日一〇分とか、バットの素振りを一日一〇分とかね。
バスケットなら、ドリブル一日一〇分とか、シュート練習一日五〇本とかね。

縄跳びがうまくなりたい人は、一日一〇分縄跳びとか、持久走が速くなりたいなら一日グランド五周とか。

それから、このとき、コツが四つあるんだよ。
一つ目は、少しずつやるということだよ。
はりきりすぎて無理な目標を決めると続けられなくなるんだよ。

二つ目は、いつやるか決めておくことだよ。
学校から帰ってすぐやるとか、五時になったらやるとか決めておくといいよ。

三つ目は、がんばり表を作ることだよ。
やったら丸をつけるとかシールをはるとか決めておくと、励みになるからね。

四つ目は、ぼくはこれを毎日やるよと、みんなに宣言しておくことだよ。

家族や友達や先生に言っておくと、自分にプレッシャーになって、やめたくてもやめられなくなるからね。

ごみのポイ捨ては、正しいきれいな心を捨てること

お父さんの友達がこの前シンガポールに行ったんだって。

そうそう、地球儀のここがシンガポールだね。

よく見つけたね。

それで、その人は、シンガポールの町を歩いていて、あることにすごく驚いたんだって。

さて、それは次のうちのどれでしょうか?
一、町がごみだらけだった。　二、町にごみが一つも落ちていなかった。　三、自動車が空を飛んでいた。
はい、正解は二番の「町にごみが一つも落ちていなかった」です。

シンガポールは町がきれいなことで、世界的に有名なんだよ。

それで、その人は行く前に「本当にそうかな？　シンガポールの町でごみを見つけて、土産話にして自慢しよう」と思っていたんだって。

それで、シンガポールに着いたらごみを一生懸命探したんだって。

暇だよね。

でも、なかなか見つからなかったので、本当に感心したそうだよ。

それでね、シンガポールは、町がきれいだから世界中から観光客がすごく大勢来るんだって。

その人が言うには、本当に町全体がきれいで、歩いていても気持ちがいいんだって。

だから、これからときどき行ってみたいと言っていたよ。

ところで、○○の住んでいるこの市はどうかな？

それとか、○○の学校とか教室の中はどうかな？

そうだね、ときどきごみが落ちているよね。

では、なぜごみが落ちているのかな？

ごみが一人で歩いてそこに行くのかな？

そんなことないよね。

ポイ捨てをする人がいるからだよね。


では、なぜシンガポールの人たちは、ごみのポイ捨てをしないんでしょうか？

それはね、ごみのポイ捨てをすると、罰金を取られたり逮捕されたりするからなんだよ。

驚いた？

以前、あまりにもごみのポイ捨てが多かったので、そういう法律を作ったんだって。

どう？

日本でも作った方がいいと思う？

難しい問題だよね。

法律がなくても、一人一人が自分の正しいきれいな心からポイ捨てをやめれば一番いいよね。

ごみのポイ捨ては、自分の正しいきれいな心を捨てることだと思うよ。

心がしっかりしている人は、ごみを自分の家に持ち帰るものだよ。

飛び出すな、車は急に止まれない

この前お母さんが車でお買い物に行ったとき、すごく怖いことがあったの。

なんだと思う?

「何?　何があったの?」

車でこういう四つ辻のところに差し掛かったら（図を描いて説明するとイメージがわきやすい）、突然、自転車に乗った子どもが飛び出してきたのよ。

この四つ辻は、建物の壁や塀があって見通しが利かないところなの。

絶対に一度止まらないといけないところなのよ。

慌てて急ブレーキを踏んで、ぎりぎりのところでぶつからなくて済んだけど、もう、びっくりしたのと怖いのとで心臓が止まるかと思ったわ。

それと、一週間前には、道の隅を歩いていた子が突然向きを変えて飛び出してきたこともあるのよ。

その子は、こうやって（図を描いて説明する）道の右側を歩いていたんだけど、突然道を渡ろうとして、こうやって飛び出してきたのよ。

後ろから車が来ているかどうかも確かめないで、突然渡ろうとしたのよ。


このときも、お母さんは急ブレーキをかけてやっと間に合ったのよ。

キキキキーッて、ものすごい音がしたわ。

もう少しで轢《ひ》いてしまうところだったのよ。


この前もテレビでやっていたけど、小学生の飛び出しによる交通事故がすごく多いんだって。

自転車の飛び出しと、歩いているときの飛び出しの両方がすごく多いんだって。

手に持っていた物を落としたり風で飛ばされたりして、それを取るために飛び出してしまうということもあるそうよ。

遊んでいたボールとかが転がっていったり、ペットが逃げ出してしまったりして、それを追いかけて飛び出してしまうこともあるそうよ。

「飛び出すな、車は急に止まれない」っていう言葉は知ってるよね。

車が普通のスピードで走っているとき、急ブレーキをかけたとしても、二〇メートルはそのまま走ってしまうのよ。

二〇メートルというと、ここからあの木のところまでくらいあるのよ。

かなりあるでしょ？
○○君、絶対に飛び出しはしないでね！　大切な大切な○○君だからね。
《この後、実際に道に出て道の渡り方を親子でもう一度練習しておくとさらにいいですね。

「右見て、左見て、右見てオーケー」などと唱えながらやってみてください。

また、見通しの利かないところや危ない場所での渡り方や安全確保の仕方などについても、実際の場所で練習しておいてください。

実際にやるのとやらないのとでは、子どもにとって大きな違いがあります。

大切なわが子のために、ぜひ実際に行動に移してください。》

〈著者略歴〉

親野智可等（おやの・ちから）

1958年、静岡県生まれ。本名・杉山桂一。静岡県の公立小学校で23年間教鞭をとる。

教師として教育現場の最前線に立つ中で、親が子どもに与える影響力の大きさを痛感。教師としての経験・知識・技術を少しでも家庭で役立ててもらいたいと、2003年10月より無料メールマガジン「親力で決まる子供の将来」の発行をスタート。このメルマガはたちまち評判を呼び、読者数は約3万人となり、新聞、雑誌、テレビなど各メディアで注目を集める。現在、まぐまぐのオフィシャルHP「教育のまぐまぐ」にて、「親力診断テスト」を、また朝日小学生新聞に「小学生学力アップ術」を、ベネッセの教育発見隊通信に「教えて！親野先生」を、講談社の『週刊モーニング』に「親が手伝える勉強のポイント!!」を連載中。

「まぐまぐメルマガ大賞―教育・研究部門」の2004年、2005年で2年連続第1位。また「まぐまぐメルマガ大賞」2005年の総合大賞第2位。

著書に『「親力」で決まる！』『「プロ親」になる！』（ともに宝島社）、『「ドラゴン桜」わが子の「東大合格力」を引き出す7つの親力』（講談社）など。

「叱らない」しつけ
子どもがグングン成長する親になる本

2006年5月26日　第1版第1刷発行
2007年1月31日　第1版第9刷発行

著者　親野智可等
発行者　江口克彦
発行所　ＰＨＰ研究所
東京本部　〒102-8331　千代田区三番町3番地10
開発出版局　☎03-3239-6236（編集）
普及一部　☎03-3239-6233（販売）
京都本部　〒601-8411　京都市南区西九条北ノ内町11
PHP INTERFACE　http://www.php.co.jp/
組版　朝日メディアインターナショナル株式会社
印刷所
製本所　凸版印刷株式会社

ISBN4-569-65270-0

PHPの本

医者だからいえる「行ってはいけない病院」

〝いい医療〟を受けるための患者学

ふけ孝 著

医療事故が絶えない以上、私たちは〝自衛〟するしかない！　医学界のウラ事情も隠さぬ著者が病院の良し悪しの見分け方を説き明かす。

定価一、二六〇円
（本体一、二〇〇円）
税五％

PHPの本

やさしい人

どんな心の持ち主か

加藤諦三　著

「やさしさ」とは何か？　「やさしい人」とはどういう人か？　人間関係が殺伐とした時代に求められている心のあり方を追究する。

定価一、四七〇円
（本体一、四〇〇円）
税五％

PHPの本

人は言葉に癒され、言葉に励まされる

松永伍一　著

短い言葉には、強い力が秘められている。
――詩人として言葉に深く関わってきた著者が、あなたの人生に贈る、一〇〇の金の言葉・銀の言葉。

定価一、四七〇円
（本体一、四〇〇円）
税五％